Der Cannstatter Wasen
Eine kleine Geschichte

Kleine Geschichte

Der Cannstatter Wasen
Eine kleine Geschichte

Herbert Medek

Lauinger Verlag

Erschienen in der Reihe:
»Regionalgeschichte – fundiert und kompakt«

Einbandabbildung:
»Das landwirthschaftliche Fest in Cannstadt 1830«
Fruchtsäule mit Tierprämierung, Gouache
Archiv Herbert Medek, Böblingen

© 2018 Lauinger Verlag | Der Kleine Buch Verlag, Karlsruhe
www.lauinger-verlag.de | www.derkleinebuchverlag.de

Projektmanagement, Umschlaggestaltung, Satz, Bildbearbeitung &
Grafische Umsetzung: Sonia Lauinger
Redaktionsassistenz & Korrektorat: Isabell Tonnius, Julia Horn,
Bronislaw Szymanski
Druck: Sagalara Printing House, POLAND

Das Werk einschließlich aller seiner Teile ist urheberrechtlich geschützt. Jede Verwertung außerhalb der engen Grenzen des Urheberrechtsgesetzes (auch Fotokopie, Mikroverfilmung und Übersetzung) ist ohne Zustimmung des Verlags unzulässig und strafbar. Dies gilt auch ausdrücklich für die Einspeicherung und Verarbeitung in elektronischen Systemen jeder Art und von jedem Betreiber.
ISBN 978-3-7650-8432-4

Dieser Titel erscheint auch als E-Book:
ISBN 978-3-7650-8439-3

Inhaltsverzeichnis 7

Vorwort 10

Kleine Geschichte Bad Cannstatts 12

Vor 250.000 Jahren ... | Vor 2.500 Jahren ... | Um 90 nach Christus ... | Die »Schwaben« kommen | Die fränkische Landnahme | Sankt Martin auf der Altenburg | Kein Stuttgart ohne Cannstatt | Die mittelalterliche Stadt | Cannstatts Wappen | Die Stadtmauer | Stadtluft macht frei | Die Stadtkirche Sankt Cosmas und Damian | Das Rathaus | Pfleghöfe und Schildwirtschaften – Hotels des Mittelalters | Trari, trara, die Post ist da | Die Cannstatter Brücke | Fast eine Residenzstadt | Gesunde Quellen | Kurvergnügen und Therapie | Gesundes Lernen in Cannstatt | Nur in Budapest gibt es mehr Mineralwasser | Cannstatt als Industriestadt | Gottlieb Daimlers Cannstatter lautstarke Erfindung | Cannstatt gibt seine Selbstständigkeit auf | Die erwartete Blütezeit endet schnell | Cannstatt nach zwei Weltkriegen | Die Wilhelma wird ein Zoo | Entwicklungen der jüngsten Vergangenheit | Ein Blick in die Zukunft

Felbenköpf' und Mondlöscher 53

Felbenköpf' | Mondlöscher | Cannstatter Originale | Bad Cannstatter Fasnet | Cannstatt und der Wein | Neckerwein, Schleckerwein

Der Neckar, ein »wilder Geselle« 63

Mit dem Schiff über und durch die Schwäbische Alb zur Donau | Kulturdenkmal Neckarkanal | Holz für Holland – Flößerei auf dem Neckar | Cannstatt wird Hafenstadt | Transport- und Erlebnisfluss Neckar

Freud und Leid zu Beginn des 19. Jahrhunderts 73

»Der große König von Schwaben« | »Einverleibt und requiriert« ... | 1816 – Das »Jahr ohne Sommer«

Der Cannstatter Wasen · 84

Wasenlied | Wasen, Werder, Anger, Au | Vom »Seilerwasen« zum »Trommlerwasen« | Cannstatt als Garnisonsstadt | Das Zwei-Kaiser-Treffen | Buffalo Bill auf dem Wasen | Übungen für den bitteren Ernstfall | Der Internationale Sozialistenkongress | »Fußlümmelei« statt militärischem Drill | Seit 1919 auf dem Wasen: Der VfB Stuttgart | Veranstaltungszentrum Cannstatter Wasen | Den Wasen im Wohnwagen, Zelt oder Fass erleben | Der »Neckar-Airport« auf dem Cannstatter Wasen

Der »Neckar-Airport« auf dem Cannstatter Wasen · 103

Das Gordon-Bennett-Rennen 1912 | Tollkühne Männer in fliegenden Kisten | Linienflüge starten auf dem Cannstatter Wasen | Ausbau zum Verkehrsflughafen: Der Wasen vs. Flugfeld Böblingen | Der Neckar als Wasser-Landeplatz? | Der Wasen als Tauben-Startplatz

König Wilhelm und Königin Katharina · 111

Beruflich ein perfektes Team | Friedrich Wilhelm und Charlotte | Katharina und Georg| Friedrich Wilhelm und Katharina | König Wilhelm I. und Königin Katharina

Das Cannstatter Volksfest · 119

Die Gründung des Landwirthschaftlichen Festes | Die Fruchtsäule | Das Cannstatter Volksfest im Dritten Reich | 1935 – Die Schlacht auf dem Wasen | 1937 – Der Cannstatter Wasen bekommt die Schwabenhalle | Das letzte Volksfest vor dem Krieg | Bomben auf Bad Cannstatt

Bräuche auf Wasen · 133

Das Schiffer- bzw. Fischerstechen | Die Pferderennen

Inhaltsverzeichnis 9

Biergeschichte(n) oder Bier in der Völkerkunde 140

Was ist älter: Wein oder Bier? | Die Sumerer | Die Babylonier | Die Ägypter | Die Griechen und Römer | Die Germanen | Die Klöster | Bier panschen und das Reinheitsgebot von 1516 | Brauereien in Stuttgart | Die Aktienbrauerei Wulle | Die Robert Leicht Schwabenbräu AG | Die Familienbrauerei Dinkelacker | Stuttgarter Hofbräu | Bier und Gesundheit

Speis und Trank und Fröhlichkeit 160

Früher gab es Bierzelte, heute sind es Festzelte | Die Trachten | Die Brauereigespanne | Wurst, Kaffee und süße Herzen | Von Paris nach Tirol – Aus dem französischen Dorf wird das Almhüttendorf | Die Schausteller | Das Wachsfigurenkabinett im Jahr 1844 | Damals und heute: Die Wahrsagerin | Das Weltpanorama | Tiere auf dem Volksfest | Der Menschenfresser Wakamba | Der Blick ins Jenseits | Hau den Lukas, Graphologen und Scherenschneider | Illusionen, Varietés und Geisterbahnen | Karussells, Riesenrad und Achterbahnen | Das Los zum Glück | Schießbuden | Schiffschaukeln und Box-Autos

Engagierte Helfer machen die Feste erfolgreich 184

Die Wasenwache der Polizei | Das Deutsche Rote Kreuz | Der Wasendoktor | Das Jugendamt | Die Kindersammelstelle | Die Heimweghilfe | Gepäckaufbewahrung und Fundstelle | Der Wasengottesdienst | Die Wasenschule

Volfsfeste auf dem Cannstatter Wasen 192

Vereinsaktivitäten um das Cannstatter Volksfest | Der Volksfestumzug | Der Volksfestumzug 2018 | Die Volksfestzeitung | Volksfestvereine in Amerika | Das Stuttgarter Frühlingsfest Der Krämermarkt

Literaturverzeichnis 204

Abbildungsverzeichnis 205

Vorwort

Es wäre wahrlich zu kurz gedacht, hätte man beim Thema Cannstatter Wasen nur das Volksfest im Sinn. Jedoch feiert just dieses im Jahr 2018 sein 200-jähriges Jubiläum. Dieser Anlass ist Grund genug, sich mit der Historie der berühmten Festwiese etwas ausführlicher zu befassen.

Viele wissen natürlich, dass auf dem Wasen außer dem Volksfest auch das Frühlingsfest, der Weltweihnachtszirkus und manch andere Veranstaltung stattfinden. Aber dass der Wasen einst ein Flughafen war oder dass die Königlich Württembergische Kavallerie hier in einer Reitarena hoch zu Ross trainierte, ist kaum jemandem bekannt. Außerdem wissen nur wenige, dass der Wasen früher das Überschwemmungsgebiet des Neckars war und dass der Neckar bis in die 1960er Jahre zu einem durchgehenden Schifffahrtskanal vom Rhein bis zur Donau ausgebaut werden sollte.

Viele vergnügen sich in den Festzelten und Fahrgeschäften des Cannstatter Volksfestes und ahnen nicht, dass schlimme Zeiten mit Kriegen und Hungersnöten Hintergrund für die Entstehung des Festes vor 200 Jahren waren. Ursprünglich ist es ja als Landwirtschafts-Ausstellung entstanden bei der Geräte, die die Landwirtschaft vereinfachen, gezeigt und Erfolge in der Viehzucht prämiert werden sollten. Aber auch das Vergnügen war dabei von Anfang an ein Thema: Die Württemberger sollten sich über ihre landwirtschaftlichen Erfolge freuen und das entsprechend feiern. Dass man dabei ein Bier trinken kann, ist erfreulich – und das im Weinbauland Württemberg, in dem das Bierbrauen vorher sogar zeitweise verboten war.

All das und noch viel mehr Wissenswertes – beispielsweise warum man die Bad Cannstatter »Mondlöscher« oder »Felbenköpf« nennt – erfahren Sie in diesem hervorragend recherchierten Buch. Der Autor Herbert Medek berichtet umfassend über die Geschichte des Wasens, von Bad Cannstatt, vom Neckar, über Bier und Wein sowie das Volksfest und seine Besonderheiten im Laufe der letzten 200 Jahre.

Als gebürtiger Bad Cannstatter freue ich mich jedes Jahr auf das Volksfest und darüber, dass diese Institution im Jahr 2018 ihr 200-jähriges Jubiläum feiern kann. Dass ich selbst die Festivitäten als »Wasenbürgermeister« begleiten darf, macht mich stolz. Insbesondere, weil das Volksfest seit fast 80 Jahren eine Schwester hat – das Frühlingsfest. Der internationale Bekanntheitsgrad und die weltweite Besucherschar freut mich außerdem in meiner Funktion als Erster Bürgermeister der Landeshauptstadt Stuttgart, zu dessen Aufgaben auch Wirtschaft und Tourismus gehören.

Bei allem Vergnügen sollte man jedoch nicht vergessen, dass es nicht selbstverständlich ist, in Frieden und Wohlstand feiern zu können. Auch dies wird in den verschiedenen Kapiteln dieses Buches deutlich. Nutzen wir deshalb die Feste auf dem Cannstatter Wasen zu einem friedlichen Miteinander mit Freunden aus der Heimat und der ganzen Welt.

Michael Föll
Wasenbürgermeister und
Erster Bürgermeister der Landeshauptstadt Stuttgart

Kleine Geschichte von Bad Cannstatt

Vor 250.000 Jahren ...

... gab es schon Cannstatter. Das Vorhandensein von Menschen in der damaligen »Holsteinischen Warmzeit« belegen zumindest Funde, die 1982 beim Bau der Rauchgaswaschanlage für das Kraftwerk Münster zu Tage traten. Wahrscheinlich war dort ein Lager- und Schlachtplatz von den Urmenschen. Ebenso aus dieser Zeit vor etwa 250.000 Jahren stammte der *Homo steinheimensis,* der durch einen 1933 bei Steinheim an der Murr gefundenen Schädel dokumentiert ist.

Offensichtlich haben es sich die Cannstatter Urmenschen an ihrem Lagerplatz gutgehen lassen. Immerhin fanden sich Skelettreste von Auerochse, Nashorn, Bison, Rothirsch, Riesenhirsch, Wildpferd, Bär, Dachs und Biber. Die Funde wiesen eindeutige Merkmale menschlicher Bearbeitung, also der Schlachtvorgänge, auf. Wahrscheinlich haben die Jäger die Tiere erlegt, als diese am Neckar Wasser tranken und nicht so aufmerksam waren. Danach fand wohl ein Grillfest statt, denn es wurden auch versteinerte Holzkohlestücke am Lagerplatz gefunden.

Aber auch an anderen Orten in und um Bad Cannstatt wurden derartige Funde gemacht. Beispielsweise in einem Untertürkheimer Steinbruch in den 1930er Jahren und bereits im Jahr 1700 an der Uffkirche. Spektakulär waren die Mengen von Mammutstoßzähnen, die im Jahr 1816 auf dem Seelberg ausgegraben wurden. Vermutlich hatten eiszeitliche Jäger diese vor etwa 35.000 Jahren dort gelassen. Zur Zeit der Ausgrabungen war König Friedrich persönlich zum Fundort gefahren und schaute an diesem regnerischen 23. Oktober den Ausgrabungen zu. Stammten die Funde doch nach den Worten seines Oberhofpredigers Heinrich d´Autel gar aus Zeiten »vor der Sündenfluth«. Dabei erkältete sich der König, bekam ein »heftiges Katarr-Fieber«, und starb bereits sieben Tage darauf.

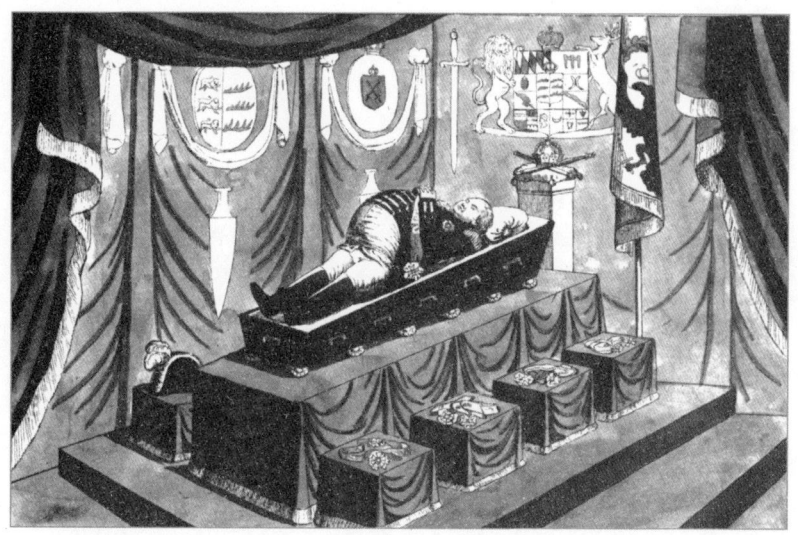

König Friedrich I. auf dem Paradebett.

Vor 2.500 Jahren ...

... lebten die Kelten im Cannstatter Raum. Dies beweisen insbesondere zwei große Grabanlagen, die in den 1930er Jahren beim Bau der Steinhaldenfeld-Siedlung entdeckt und ausgegraben wurden. Den Funden nach handelte es sich bei den beiden Männern, die hier in hölzernen Grabkammern beigesetzt waren, um Angehörige der herrschenden Oberschicht. Man hatte ihnen reichlich Schmuck mit in das Totenreich gegeben. Beide Toten trugen um den Hals einen goldenen Reif, am rechten Arm ein goldenes Armband, goldene Ohrringe und ein bronzenes Gürtelblech. Für ihre Totenreise hat man ihnen einen vierrädrigen Wagen und Trinkschalen mit ihren Standeszeichen mitgegeben.

Das Vorhandensein der Cannstatter Fürstengräber aus der sogenannten Latènezeit (ca. 450 bis 0 v. Chr.) lässt darauf schließen, dass sich auch hier eine oder mehrere Siedlungen befanden. Die Kelten waren gute Ackerbauern, außerdem boten der Neckar und seine Überschwemmungsflächen Fische und anderes Getier als Nahrung.

Um 90 nach Christus ...

... erbauten die Römer ein Kastell oberhalb des Neckars, um den »Neckarlimes«, also die Grenzstraße entlang des Flusses, zu überwachen. Der Fluss war die Grenze der römischen Provinz *Germania superior* (Obergermanien) zum germanischen Barbarenland geworden. Wichtige Fernstraßen führten über das Cannstatter Kastell, dessen damaliger Name leider bis heute nicht erforscht werden konnte. Hier kreuzten sich die Straßen nach Mainz, Straßburg, Regensburg und Augsburg und verbanden so die römischen Provinzen Obergermanien und Raetien. Ein wichtiger Ort also, der vermutlich sogar Mittelpunkt eines Regierungsbezirks war.

In der Zeit von Kaiser Trajan wurde das ursprüngliche Erd- und Holzkastell zu einem Steinkastell mit einer ein Meter dicken Umfassungsmauer sowie Wehrtürmen ausgebaut. In dem etwa drei Hektar großen Kastell war mit etwa 500 Soldaten die Reitertruppe Ala I Scubulorum stationiert. In der Umgebung lag der Vicus, also die Kastellsiedlung, ausgedehnt auf einer Fläche von etwa 30 Hektar. Dort wurden allein über 40 Tonbrennöfen gefunden. Im Nordwesten des Kastells, heute etwa im Bereich zwischen der Johannes Gutenberg Schule und den Sportplätzen an der Löwentorstraße, befand sich an der damaligen Straße zu den Kastellen Benningen und Walheim der Friedhof. Etwa 3000 Gräber wurden hier gefunden.

Nach mehrfachen Germaneneinfällen verlegte man den

Grenzverlauf in die menschenleere Gegend des Schwäbischen Waldes und es entstand ein kerzengerader Holzzaun zwischen Walldürn und Lorch. Die neue Grenze wurde von mehreren Kastellen überwacht, darunter auch zwei Kastelle in Welzheim, wohin die Reitertruppe von Cannstatt um 150 n. Ch. verlegt wurde. Wohl wegen der bedeutenden Fernstraßen bestand die zivile Siedlung in Cannstatt weiter.

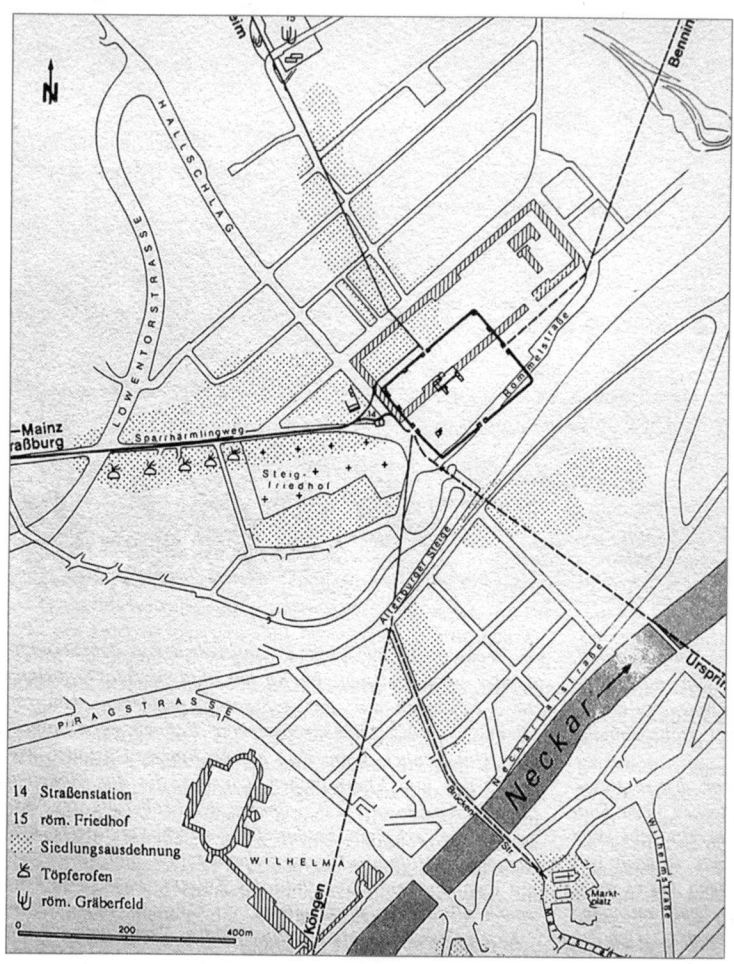

Das römische Kastell und seine Straßen im heutigen Stadtplan.

Keltisches Dorf.

Die »Schwaben« kommen

Seit etwa 230 n. Ch. verstärkten sich die Einfälle germanischer Krieger an der römischen Grenze. Die Völkerwanderung hatte begonnen. Verschiedene Stämme drängten in südliche Gegenden, wo sie bessere Boden- und insbesondere Wetterverhältnisse für die Landwirtschaft vermuteten. Einen großen Anteil daran bildete der Stamm der Sueben, der aus dem Gebiet zwischen Elbe und Ostsee, dem heutigen Brandenburg und Mecklenburg-Vorpommern, stammte. Bis dato bezeichneten römische Quellen die Ostsee als *Mare Suebicum*, also als Schwäbisches Meer.

In den Zeiten der Eroberung römischen Gebietes nannten sich die elbgermanischen Sueben »Alemannen«, was wohl soviel bedeutete wie »alle (wehrfähigen) Männer«. Erstmals wurden sie im Jahr 289 in Trier in einer Lobrede auf Kaiser Maximian mit dem Namen »Alamanni« so bezeichnet. Daraus lässt sich der Schluss ziehen, dass zunächst Krieger die neuen Gebiete erkundet und erobert haben, bevor sich ganze Familien auf die Wanderschaft nach Süden machten.

In ihrer neuen Heimat bildeten die einzelnen Sippschaften innerhalb der Stämme eigene Siedlungen, die sie nach ihrem Sippenältesten oder Häuptling benannten. Dahinter kam das Suffix »-ingen«, welcher die Zugehörigkeit zu diesem Anführer bezeichnete. Beispielsweise war Ditzingen der Ort der Sippschaft eines Titzo, oder Gerlingen eines Gero, oder Hedelfingen eines Hadulf. Diese Ortschaften bestanden oft aus wenigen Holzhäusern oder Einzelgehöften.

Die Alemannen hinterließen keine schriftlichen Zeugnisse. Alles was man über sie weiß, stammt aus römischen Quellen oder aus Aufschrieben der Franken, die später ins Land einwanderten. Auch bauliche Beweise gibt es kaum. Unsere Urahnen lebten in Holzhäusern. Die römischen Steinbauten und weiteren technischen Errungenschaften der kultivierten Römer, wie Fußbodenheizungen o. ä., bis hin zu gepflasterten Straßen, ließen die Alemannen verfallen. Die einzigen »Bauwerke«, die überdauerten, sind ihre Gräber, weshalb ihre Begräbniskultur oft als Beweis für ihre Anwesenheit herangezogen wird. Auch in Cannstatt fand man in der Nähe der Uffkirche alemannische Reihengräber aus dem 6. Jahrhundert.

Die fränkische Landnahme

Nach der Schlacht bei Zülpich im Jahr 496, die der Frankenkönig Chlodwig trotz alemannischer Übermacht gewann, ließ er sich einem Gelübde zufolge von Bischof Remigius von Reims taufen und wurde Christ. Nach dem militärischen Erfolg drang Chlodwig mit seinen Kriegern in das alemannische Gebiet ein und bildete eigene fränkische Siedlungen, die häufig an der Endung »-heim« oder »-hausen« zu erkennen sind. So lässt sich in unserer

Region eine Grenze zwischen Alemannenland und Frankenland ablesen, die in etwa geradlinig von Straßburg durch den Schwarzwald führte und dann ein Stück weit die Glems als Grenzflüsschen aufnahm. Noch heute ist in Ditzingen durch die Konstanzer Kirche (alemannisches Bistum Konstanz) und die Speyerer Kirche (fränkisches Bistum Speyer) der Grenzverlauf dokumentiert, der kirchlich bis zur Reformation im Jahr 1534 eine Rolle spielte, politisch aber schon vor der Jahrtausendwende unbedeutend geworden war. Auch der Name Marbach (Markbach) weist auf die alte Grenze zwischen zwei Völkern hin.

Cannstatt lag seit der Römerzeit (und liegt faktisch bis heute) an einem bedeutenden Straßenkreuz und war zu jenen Zeiten wohl ein alemannischer Verwaltungsmittelpunkt, an dem auch Recht gesprochen wurde. Darauf deutet jedenfalls eine Urkunde hin, die der alemannische Herzog Gotefridus aus dem Haus der Agilofinger (Regensburg) im Jahr 708 ausstellte. »Actum Canstat ad Neccarum« schenkte er den Ort Biberburg (heute Stuttgart-Mühlhausen, mit Biberburg ist die ehem. Engelburg benannt) an das Kloster Sankt Gallen.

Herzog Gotefridus und seine Nachfolger empörten sich mehrfach gegen die fränkischen Emporkömmlinge der Karolinger und führten Schlachten gegen sie. 745 fiel beispielsweise der alemannische Herzog Teutbald im Elsaß ein und wurde von dem fränkischen Hausmeier Pippin dem Jüngeren zurückgetrieben. Der Bruder von Pippin, der Hausmeier Karlmann, bestellte daraufhin alle alemannischen Sippenführer zu einer Gerichtssitzung (Thing) nach Cannstatt ein. Dort ließ er sie wegen Hochverrats zum Tode verurteilen und hinrichten. Mehrere Quellen (darunter die Metzer Annalen) weisen darauf hin, dass bei diesem »Cannstatter Blutgericht« im Jahr 746 tausende alemannische Fürsten ihr Leben lassen mussten. Auch wenn neuere Quellen die hohe Zahl in Zweifel ziehen, waren die Alemannen doch ihrer Anführer beraubt. Das war das Ende des Herzogtums Alemannien.

Wo genau die Stätte des Cannstatter Blutgerichts lag, ist ungewiss. Es gibt Hinweise auf eine alte Thingstätte nahe der Altenburg (Bereich Römerkastell), andere verweisen auf die Gerichtsstätte am Stein, die wohl im Bereich des Schmidener Tors lag (heute Bereich Kreuzung Brunnenstraße/Spreuergasse).

Sankt Martin auf der Altenburg

Zum Zeitpunkt des Cannstatter Blutgerichts waren die meisten Alemannen bereits zum Christentum übergetreten. Viele der ersten von den Franken errichteten Kirchen trugen den Namen ihres Nationalheiligen Martin, so auch die Kirche Sankt Martin auf der Altenburg. Sie gilt als Urkirche der ganzen Region. Mit der Bevölkerungszunahme des Ortes Cannstatt wurde die Diözese bzw. der Sprengel später in rechts des Neckars (Uffkirche) und links des Neckars (Sankt Martin) geteilt. Im Jahr 1323 wurde der Sprengel der Martinskirche von der neu aus der Kirche zum Heiligen Kreuz geweihten Stuttgarter Stiftskirche inkorporiert. Bis dahin mussten die Stuttgarter sich auf den etwa fünf Kilometer weiten Weg nach Sankt Martin machen, wenn sie heiraten oder ein Kind taufen lassen wollten.

Im Jahr 1516 versetzte Herzog Ulrich schließlich die Martinskirche in das Dorf Brie (von keltisch: briwa = Brücke – heute Neckarvorstadt). Dort steht sie heute seit 500 Jahren als Gotteshaus der Katholiken, wobei die Kirche während der Zeit, als Württemberg ein rein protestantisches Land war, umfunktioniert wurde: Nachdem im Jahr 1534 der letzte katholische Pfarrer das Gotteshaus verlassen musste, wurde es fortan als Lagerraum für Bottiche und Fässer aber auch als Fruchtkasten für Erntegut genutzt. Mit der Religionsfreiheit bildete sich Anfang des 19. Jahrhunderts wieder eine katholische Gemeinde in Cannstatt, die von König Wilhelm I. im Jahr 1858 den »finanzkammerlichen Fruchtkasten« als Geschenk erhielt. Seitdem ist Sankt Martin wieder ein

Gotteshaus. Von der Urkirche auf der Altenburg sind darin bis heute nur der Gewölbekeller und ein Mauerrest übrig geblieben.

Grabungsstätte Altenburg.

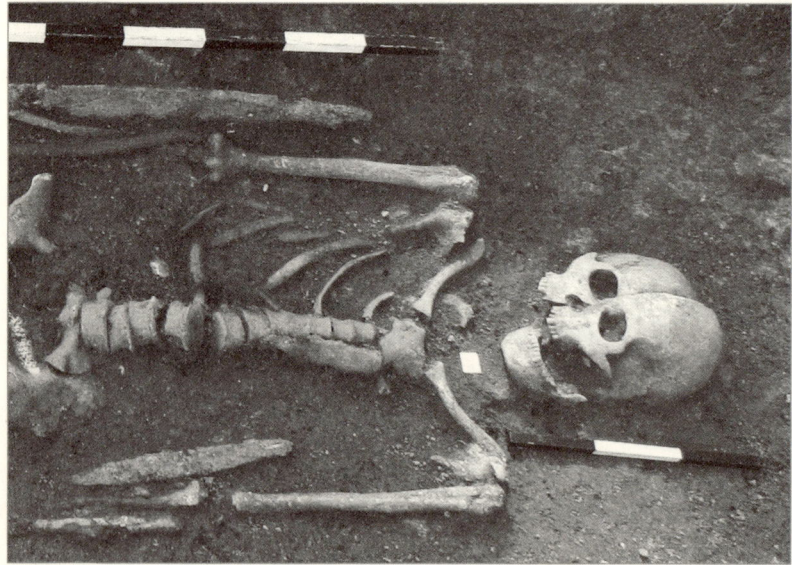

Grabfund auf der Altenburg.

Kein Stuttgart ohne Cannstatt

»Stuttgart wäre ohne Cannstatt nicht möglich gewesen«. So formulierte es einst der berühmte Geschichtsforscher Hansmartin Decker-Hauff in einem Vortrag über die Cannstatter Stadtgeschichte und meinte damit die Gründung des »Stutengartens« von der Altenburg aus. In der Mitte des 10. Jahrhunderts befand sich dort der Sitz der Herzöge von Schwaben und es regierte Herzog Liudolf, der Sohn des Sachsenkönigs Ottos, des späteren Kaisers Otto I. der Große.

Als sicher gilt, dass Liudolf für die Ungarnkriege seines Vaters in der feuchten Ebene des Nesenbachtals ein Pferdegestüt angelegt hatte. Denkbar ist auch, dass er angesichts seiner kurzen Regierungszeit (949–954 n. Chr.) ein bereits bestehendes, von seinem Schwiegervater Hermann I. von Schwaben – einem Gefolgsmann Ottos I. – angelegtes Gestüt übernommen hat und zum Schutz eine Wasserburg errichtete, die den Ursprung des Alten Schlosses in Stuttgart bildete. Direkte Urkundenbelege dafür gibt es zwar keine, die Einschätzungen beruhen bis dato auf überregionalen Quellen.

Die Grundmauern der Altenburg selbst jedoch wurden im Sommer des Jahres 2016 gefunden. Beim Abbruch des Steiggemeindehauses auf dem Hallschlag fand man zunächst Gräber, die entsprechend der Grabbeigaben in die Zeit zwischen dem 6. und 8. Jahrhundert n. Chr. eingeordnet wurden und Mauerreste der ehemaligen Burg. Die Altenburg wurde von König Rudolf von Habsburg im Jahr 1287 zerstört. Bis heute erinnert daran nur der Name des Geländes. Ob es sich bei manchen der gefundenen Toten um Opfer des zuvor beschriebenen Cannstatter Blutgerichts handelt, ist noch nicht gesichert. Zumindest der Zustand eines durch Schwerthieb zerspaltenen Schädels lässt dies jedenfalls vermuten.

Die mittelalterliche Stadt

Manche haben sich schon gewundert, warum die Cannstatter Marktstraße eine derartig gekrümmte Form hat. Fast wie die Mäander eines Flüsschens. Genau darin liegt die Ursache. Im Bereich des heutigen Marktplatzes war einst ein großer Mineralwassersee, dessen Ablauf zum Neckar hin diese Mäanderform geschaffen hat.

Im 6. und 7. Jahrhundert befanden sich wohl nur einzelne Fischerhütten entlang dieses Bachlaufs. Dann wuchs der Ort jedoch beständig und die Marktstraße wurde entlang des Baches angelegt. Im Jahr 1643 wird als Kommentar zu einem Stich von Matthäus Merian in der *Topographia Sueviae* erwähnt, dass »die Hauptstraße ein durchlaufender Bach immer kotig [, d.h. schmutzig/matschig,] macht«. 200 Jahre später, im Jahre 1835, begann man, den Bach schließlich zu verdolen.

Die ideale Lage an der Kreuzung der Verkehrswege zwischen Amsterdam und Venedig sowie Regensburg und Straßburg war Grund für viele, sich hier anzusiedeln. Cannstatt wuchs ab dem 8. Jahrhundert zu einem kleinen Städtchen heran.

Im Jahr 777 soll Kaiser Karl der Große einen Hoftag bei Cannstatt abgehalten und festgelegt haben, dass eine Ortskirche gebaut werden soll, die den Heiligen Cosmas und Damian geweiht wurde. Cosmas und Damian waren zwei Brüder, die im 3. Jahrhundert als Ärzte in Syrien lebten und viele Menschen, die sie ohne Entgelt heilten, zum Christentum bekehrten. Sie starben während der Christenverfolgung des römischen Kaisers Diokletian den Märtyrertod durch Enthauptung. So kam es zu einem ersten Kirchenbau an der Stelle der heutigen Stadtkirche.

Im 14. Jahrhundert war Cannstatt bereits so bedeutend, dass Kaiser Ludwig IV. der Bayer dem Ort die Stadtrechte verlieh. In der Urkunde, die er am 11. Dezember 1330 in Innsbruck siegelte, informierte er den württembergischen Grafen Ulrich III., dass die »stat ze Chanelstatt« städtische Rechte besitzt. Auf diesem alten

Stadtrecht basieren heute noch verschiedene Merkwürdigkeiten, die bei der Vereinigung der Städte Cannstatt und Stuttgart berücksichtigt wurden. Beispielsweise war der Stadt Cannstatt eine Gerichtsbarkeit garantiert – und noch heute ist Bad Cannstatt der einzige Stuttgarter Stadtbezirk mit einem eigenen Amtsgericht. Im Jahr 1972 wurde festgelegt, dass es jeden Straßennamen nur einmal im Gebiet der Landeshauptstadt Stuttgart geben darf, viele Straßen wurden damals umbenannt. In Bad Cannstatt jedoch gibt es eine Marktstraße, einen Marktplatz, eine Wilhelmstraße und einen Wilhelmsplatz genauso wie in der Stuttgarter Innenstadt.

Cannstatts Wappen

Das älteste Stadtsiegel stammt aus dem Jahr 1353 und zeigt eine Kanne als Zeichen der Stadt. Bis heute ist die Kanne das Cannstatter Symbol. Heraldiker halten es für unwahrscheinlich, dass sich der Name Cannstatt von dem Namen des Gefäßes ableitet. Eher sei es andersherum. Es handele sich um ein sog. »redendes Wappen«, das den Ortsnamen symbolisiert. Dabei bliebe jedoch die genaue Herkunft des Ortsnamens im unklaren.

Viele Namen und Begriffe haben sich hierzulande aus der keltischen Sprache erhalten und entwickelt. Beispielsweise geht der Name des Flusses Neckar auch auf die Keltenzeit zurück. Er hat sich wahrscheinlich aus dem indoeuropäischen Wort *nik* entwickelt, was soviel bedeutet wie wild oder stürmisch. In der vorgeschichtlichen Zeit wurde daraus wohl *nikrus* und später *neccarus*. Also bedeutet Neckar soviel wie »wildes Wasser«, manche sagen auch »wilder Geselle«. Die Berechtigung für diese Bezeichnung hat er in den Jahrhunderten vor seiner Kanalisierung zur Schifffahrtstraße vielfach bewiesen.

So wurde von Historikern die keltische Silbe con als Bestimmungswort in Betracht gezogen: *con* ist ein Vereinigungswort. So bedeutet beispielsweise *condati* »Zusammenfluss« oder *contrebia* »Siedlung«.

An dieser Stelle erscheint jedoch ein anderes keltisches Wort als viel begründeter: *canna*, die Bezeichnung des Schöpfgefäßes »Kanne«. Bis zum Beweis des Gegenteils verbleibt die schöne Vorstellung, dass doch die Kanne das Bestimmungswort für Cannstatt ist. Die Kanne hat man hier auch in allen Zeiten verwendet. Sicher haben die Kelten ihren Met und die Römer schon Wein daraus ausgeschenkt oder das gesunde Quellwasser geschöpft. Wein und gesundes Wasser werden bis zum heutigen Tag vor Ort angebaut bzw. geschöpft.

Der Stadtname wurde in den Jahrhunderten der Geschichte immer wieder anders geschrieben. In den ältesten Urkunden des

Abconterfectur des löbllichen Fürstentumbs Württemberg Holzstich um 1530.

8. Jahrhunderts liest man das Wort *chanstada*, später *condistat*. Im 16. Jahrhundert liest man *canstat*, im 17. Jahrhundert *Kanstat*, im 19. Jahrhundert *Cannstadt* und spätestens seit der Vereinigung der beiden Städte Cannstatt und Stuttgart schreibt man den Ortsnamen mit doppeltem t.

Die Buchstaben JHS in der Wappenkanne bedeuten das Monogramm Jesu im Griechischen als Transkription der ersten beiden und des letzten Buchstabens (ΙΗΣΟΥΣ). In Deutschland wurden sie volkstümlich oft als Anfangsbuchstaben von »Jesus, Heiland, Seligmacher« oder »Jesus Hominum Salvator – Jesus als Retter der Menschen« verstanden.

Die Stadtmauer

Spätestens mit der Verleihung der Stadtrechte im Jahr 1330 wurde Cannstatt von einer Mauer mit Türmen, Wall, Zwinger und Graben umgeben. Im heutigen Straßenbild verlief die Mauer mit drei Stadttoren im Uhrzeigersinn vom Neckar (Brückentor an der Wilhelmsbrücke) aus entlang der Überkinger Straße zum Schmidener Tor, dann entlang der Wilhelmstraße zum Waiblinger Tor und schließlich entlang der Badstraße wieder zum Brückentor. An der Badstraße wurde die Mauer in den letzten Jahren wieder restauriert, ebenso sieht man in der Spreuergasse neben dem Ackerbürgerhaus Reste der Stadtmauer, die als Rückwand der Gebäude genutzt wurde. An den Stadttoren wurde kontrolliert, was in die Stadt hinein- und was herausgebracht wurde. Teilweise waren darauf Zölle zu bezahlen. Wenn ein Auswärtiger in die Stadt hineinwollte, musste er auf alle Fälle das »Pflastergeld«, eine Straßenbenutzungsgebühr die nach der Anzahl der Zugtiere berechnet wurde, entrichten. Vor dem Überqueren der Brücke mussten Auswärtige (und damit auch die Stuttgarter) Brückenzoll bezahlen.

Stadtluft macht frei

Die Cannstatter Stadtmauer war, nach der Erfindung des Schießpulvers und spätestens nach der Entwicklung von Kanonen, mit starker Feuerkraft kein gut funktionierendes Verteidigungsbauwerk mehr. Ihre Funktion als Begrenzung des Rechtsraumes »Stadt« erfüllte sie hingegen sehr wohl. Außerhalb der Städte lebten in den Dörfern hauptsächlich Leibeigene, die keinerlei Selbstbestimmungsrecht besaßen. Wurden die Dörfer verkauft oder verschenkt, geschah das immer »mit Gütern und mit Leuten«. Man durfte sich dem auch nicht entziehen. Ortsgebundenheit war Gesetz. Selbst der Tod verlangte den Leibeigenen Verpflichtungen ab, mussten doch die Hinterbliebenen dem Leibherrn einen Ersatz für das »entzogene Eigentum« liefern. In Vaihingen war das beispielsweise für einen verstorbenen Mann die beste Kuh im Stall oder für eine verstorbene Frau das beste Stück Tuch im Hause. In den Städten lebten dagegen freie Bürger. Die hatten zwar auch ihre Verpflichtungen, mussten beispielsweise Bürgergeld bezahlen und an Hilfsdiensten wie Feuerlöschen bzw. Instandhaltung oder Verteidigung der Stadtmauer teilnehmen, besaßen jedoch ansonsten ihr Selbstbestimmungsrecht. Erst mit § 25 der 1819 gegebenen Verfassung für das Königreich Württemberg wurde die Leibeigenschaft der Dorfbewohner aufgehoben.

Die Stadtkirche Sankt Cosmas und Damian

Die wohl auf Hinweis Karls des Großen erbaute erste Kirche war bereits im 12. Jahrhundert durch einen Neubau in romanischem Stil ersetzt worden. In der Regierungszeit des württembergischen Grafen Ulrich V. dem Vielgeliebten (1433–1480) wurden viele Kirchen im Land durch spätgotische Bauwerke ersetzt. Sein berühmter Kirchenbaumeister war Aberlin Jörg, der beispielsweise in Stuttgart das Langhaus der Stiftskirche, die Leonhardskirche, die Hospitalkirche sowie Kirchen in Heilbronn, Marbach, Aidlingen, Schorndorf, Schwäbisch Gmünd und anderen Orten erbaut oder erneuert hat. In den Jahren 1460–1471 entstand die gotische Stadtkirche in Bad Cannstatt, allerdings zunächst mit einem niedrigeren Turm. Der heutige Renaissanceturm wurde in den Jahren 1612/13 von dem Herrenberger Baumeister Heinrich Schickhardt in elegantem Renaissance-Stil erbaut. Eigentlich sind es zwei Türme: Um den filigranen äußeren Steinturm nicht durch die Schwingungen der Glocken zu belasten, erbaute Schickhardt im Inneren einen zweiten Turm aus Holz, der die Schwingungen bis in die Fundamente hinunterleitet.

Das Rathaus

Als »[g]anz aus Holzwerkh« bestehend, wurde das Rathaus in einem alten Text bezeichnet. Als es nach 1491 entstand (aktuelle dendrochronologische Untersuchungen ergaben die Jahre 1492 und 1493 als Zeitpunkt, an dem die Bäume für die Balken gefällt wurden), war es nicht als Amtsort der bürgerlichen Stadtverwaltung vorgesehen. Stattdessen amtete hier der Stadtvogt, der Vertreter des Landesherrn, und hielt hier auch Gericht. Wie viele Rathäuser war es ebenso eine Art Kaufhaus, in dem Güter, für die Steuern erhoben oder die in schlechten Zeiten rationiert wurden, zu kaufen waren. Insofern wurde es auch als obrigkeitliches Speichergebäude genutzt. Das bürgerliche Rathaus stand etwas weiter oben in der Marktstraße, etwa auf Höhe des Erbsenbrünnele und wurde um 1800 abgebrochen.

Wie die Jahreszahlen auf dem Türportal zeigen, fand ab 1875 eine umfassende Restaurierung mit Umbau statt. Anstelle vorheriger großer Räume wurde eine Vielzahl von Büros eingebaut. Bei der Sanierung in den Jahren 2010 bis 2013 wurde in einem restauratorischen Fenster zum Marktplatz hin das ursprüngliche Fachwerk und der Originalputz mit Resten der Bemalung wieder sichtbar gemacht. An der Lage der Balken wird deutlich, dass das Bauwerk eine gewisse Schieflage hat. Tatsächlich steht die südöstliche Ecke auf einer unterirdischen Doline und hat sich im Laufe der Zeit um etwa 80 cm abgesenkt. Deshalb musste das Treppenhaus nun in Beton neu erbaut werden.

Eine historische Rarität ist die Rathausglocke im Türmchen auf dem Dach des Gebäudes. Gegossen vor 1250, soll sie eine der ältesten Glocken in Württemberg sein.

Pfleghöfe und Schildwirtschaften – Hotels des Mittelalters

Klöster gab es in Cannstatt zwar keine, wohl aber haben Klöster in Form sogenannter »Pfleghöfe« am Handel in der Stadt teilgenommen. Nachweisbar ist der Pfleghof des Esslinger Katharinenklosters in der Lammgasse bzw. der des Konstanzer Domkapitels links daneben (wo sich heute die Kindertagesstätte befindet). Hier wurden die landwirtschaftlichen Erzeugnisse der Klöster in den Handel eingebracht.

Pfleghöfe waren außerdem in historischen Zeiten die »Hotels für den vorsichtigen Reisenden«. Normalerweise übernachtete man unterwegs in sogenannten Schildwirtschaften. Im Unterschied zu den Schänken mussten diese Gasthäuser Betten und Wechselpferde vorweisen, um die Lizenz für eine Schildwirtschaft zu bekommen. Erst dann durfte man ein Wirtshausschild an die Fassade hängen. In Bad Cannstatt findet man noch einige schöne Wirtshausschilder, auch wenn in den Häusern kein Lokal mehr ist. Wirtshausschilder selbst sind leider auch ein Symbol des Analphabetentums. Obwohl das Herzogtum Württemberg mit der Großen Kirchenordnung von 1559 als erstes Land Europas (und wahrscheinlich weltweit) die Allgemeine Schulpflicht für Jungen und Mädchen einführte, dauerte es noch einige Zeit, bis die meisten Leute tatsächlich lesen und schreiben konnten.

Wenn sich nun in historischen Zeiten reisende Händler beispielsweise im Gasthaus Bären verabredet hatten, wäre es nicht hilfreich gewesen, mit Buchstaben das Wort »Bären« an die Hauswand zu schreiben. Sie wären möglicherweise daran vorbei gegangen. Viel besser war ein »sprechendes« Wirtshausschild, auf dem ein Bär abgebildet ist. Natürlich kann man sich nun fragen, wie Händler Verträge geschlossen haben, wenn sie nicht lesen und schreiben konnten? Per Handschlag, natürlich! Dieser war gültig in Zeiten, als das Kleingedruckte noch nicht erfunden war.

Trari, trara, die Post ist da

Die an den internationalen Fernwegen gelegene Stadt war durch den internationalen Handel sehr erfolgreich. Bereits unter Herzog Ulrich wurde Anfang des 16. Jahrhunderts eine Poststation eingerichtet, die später zum europaweiten Netz der Thurn und Taxis'schen Post gehörte. Im abgelegenen Stuttgart musste man bis zum Ende des 18. Jahrhunderts warten, bis eine Poststation eingerichtet wurde.

Das Cannstatter Hauptpostamt des Reichspostmeisters befand sich in der Brückenstraße, also in der Neckarvorstadt,

Ansicht von Kieser 1686.

gleich hinter der Wilhelmsbrücke. Offensichtlich verlangte das Amt des Postmeisters keine große Geistesleistung ab, war jedoch von einem guten Einkommen gesegnet. Schrieb doch Christian Friedrich Daniel Schubart über seinen Stammtischgenossen, den Cannstatter Reichspostmeister Johann Friedrich Reinöhl: »O du mit deiner Wampe, von Reinöhl – in deiner Geisteslampe ist kein Öl«.

Die Cannstatter Brücke

In den ältesten Ansichten aus dem frühen 16. Jahrhundert ist bei Cannstatt eine Neckarbrücke abgebildet. Im Sommer 1893 fand man sogar die Reste einer Holzbrücke aus der Römerzeit. Sicher schätzten auch die Alemannen und Franken diese sichere Art, den Fluss zu überqueren, und brachten deshalb die Brücke immer wieder in Ordnung. Heute überqueren auf Bad Cannstatter Gemarkung 13 Brücken und Stege den Fluss (Gesamtstadt Stuttgart: 24). Früher gab es nur die eine. Über Jahrhunderte aus Holz geschaffen, stand sie teilweise auf Steinpfeilern und wurde unter der Leitung von Eberhard von Etzel ab 1835 auf fünf Steinbögen in 133 Meter Länge erbaut. Eingeweiht am 57. Geburtstag König Wilhelms I., dem 27. September 1838, heißt sie seitdem Wilhelmsbrücke. 1929/30 wurde sie durch eine Stahlbrücke ersetzt, die 1945 kurz vor Ende des Zweiten Weltkriegs gesprengt wurde. Für die danach erbaute heutige Wilhelmsbrücke wurden Stahlelemente ihrer Vorgängerin verwendet.

Noch heute ist eine Flussbrücke im militärischen Sinn ein wichtiger strategischer Punkt. In historischen Zeiten, als es weitaus weniger Brücken gab, erst recht. So sehr der Handel und Wandel auf den internationalen Fernstraßen, die sich in Cannstatt kreuzten, der Stadt Wohlstand gebracht haben, so sehr litt sie auch oft darunter. Denn auf den Straßen waren oftmals auch Truppen unterwegs. In Landsknechtszeiten waren es Söldnertrupps, die zu

Die Cannstatter Brücke

ihrem Einsatzgebiet marschierten und in späteren Zeiten regelrechte Armeen, die sich entweder ins Kriegsgeschehen bewegten oder gar hier vor Ort um die Brücke stritten.

Die »Schlacht zu Kannstatt auf der Brucken« im Jahr 1796 ist dabei besonders zu erwähnen. Im sogenannten »Ersten Koalitionskrieg« einer Koalition aus Preußen, Österreich und deutschen Kleinstaaten gegen das revolutionäre Frankreich kam es hier zu einem Aufeinandertreffen beider Truppen. Links des Neckars standen französische Soldaten, rechts die Österreicher. Am 21. Juli 1796 plünderten Franzosen die Neckarvorstadt. Der Kampf um die Brücke begann. Schließlich mussten sich die Österreicher geschlagen geben. Auf beiden Seiten waren jedoch große Verluste zu verzeichnen.

Schlacht an der Brucken, Kupferstich

Die Schlacht wurde überregional bekannt. Sogar Johann Wolfgang von Goethe besuchte Cannstatt auf einer Reise in die Schweiz ein Jahr später und besichtigte den Ort des Geschehens. Auch in der Dichtung fand die Schlacht ihren Niederschlag.

Der in Ludwigsburg geborene Philosoph Friedrich Theodor Vischer schrieb seine Verse über eine kuriose Begebenheit am Rande des Brückenkampfes:

Zu Kannstatt auf der Brucken, da war das Schießen groß,
als aufeinander stießen Oest'reicher und Franzos'.
Haubitzen und Granaten brummten den Bass mit Macht,
und das Musketenfeuer dazwischen klatscht und kracht.
Bei den Franzosen drüben ein kleiner Schütze war,
der zielte wie ein Falke, er fehlte nicht ein Haar.
Er schoss, er lud, er spannte, legt' an und drückt' und traf,
und mancher von den Feinden sank in den Todesschlaf.
Ein kaiserlicher Reiter, der nahm ihn recht aufs Korn:
»Mandl, dich muss ich kriegen!« dacht' er in stillem Zorn.
Am Abend war es stille, das Schießen hörte auf,
da nahm das kleine Schützlein zum Neckar seinen Lauf.
Er putzte seine Flinte dort an dem Wasser klar,
dieweil sie von dem Schießen gar sehr verrußet war.
Der Reiter, nicht verdrossen, erspäht es auf der Stell',
sagt's keinem Kameraden, setzt sich zu Pferde schnell.
Er ritt am Fluss hinunter, kam an einen Ort allda,
wo er konnt' übersetzen, dass es der Feind nicht sah.
Wie er herüber geschwommen, kam er ganz leis' heran,
wie eine Katze schleichet, die eine Maus will fahn.
Das Schützlein stand gebücket, nur auf sein' Arbeit sicht,
es putzt an seiner Flinte, und putzt und merkt es nicht.
Der Reiter stieg vom Pferde, schlich an des Ufers Rand,
das Schützlein nahm er am Kragen mit seiner schweren Hand.
Es schreit, es flucht, es zappelt, der Schrecken, der war groß,
hat alles nichts geholfen, er zog es auf sein Ross.
Hielt es allda recht feste, reit't fort, so schnell er kann,
setzt wieder übers Wasser, kommt wohlbehalten an.
Er nahm das Schützlein kleine daselbst in sein Quartier,
gab ihm für seinen Schrecken von seinem Wein und Bier.

Insbesondere im 17. Jahrhundert wurden in unserer Region nahezu ständig Kriege ausgetragen, was den Städten sehr schadete. Im Text zu Matthäus Merians Ansicht von »Canstat vom Kahlenstein« (heute Schloss Rosenstein), kann man lesen: »Ein von Häusern schlechter Orth, allda ein Posthauß, rund umb die Statt Hügel und Berg, so viel Wein tragen, auch fruchtbare Aecker, Wiesen, Gaerten und gute Weyde«. Offensichtlich war zu diesem Zeitpunkt, etwa 9 Jahre nach Ende des 30-jährigen Kriegs, die Landwirtschaft wieder in Ordnung gebracht, das Stadtbild jedoch immer noch beschädigt.

Fast eine Residenzstadt

Der schlechte Zustand der Stadt hat sich ein paar Jahrzehnte später offensichtlich verbessert. Im Jahr 1796 empfahl das Universalgenie Gottfried Wilhelm Leibniz dem württembergischen Herzog Eberhard Ludwig, die Universität von Tübingen und die Residenz vom abgelegenen Stuttgart, wegen der guten Verkehrsverbindungen, nach Cannstatt zu verlegen. Über sich selbst soll Leibniz einmal gesagt haben: »Beim Erwachen hatte ich schon so viele Einfälle, dass der Tag nicht ausreiche, um sie niederzuschreiben«. Der Herzog hat die Idee zwar nicht umgesetzt, dennoch ist sie ein Beweis für die Bedeutung Cannstatts in jener Zeit.

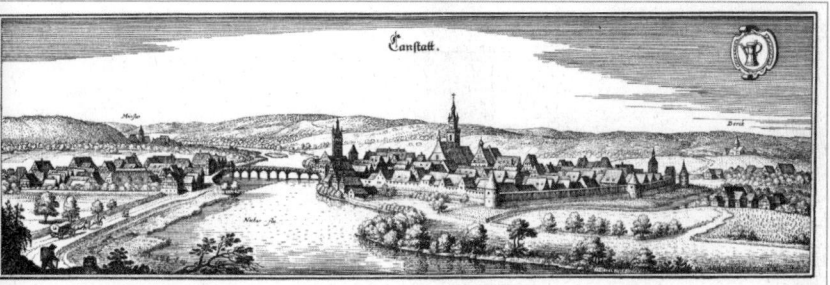

Matthäus Merian 1634.

Gesunde Quellen

Im bereits erwähnten Text zu Matthäus Merians Ansicht von Cannstatt aus dem Jahr 1643 steht: »Hat auch ausserhalb der Statt ein Bad fuer die Kraetzen und Krankheiten von Kaelte heylsam, das Sultzbad, gleichsam Saltzbad, von dem Wasser, so einen satzigen Geschmack hat, genandt«.

Bestimmt hatten schon die badefreudigen Römer die gesunden Cannstatter Quellen genutzt. Aber auch im Mittelalter waren lustige gemeinsame Aufenthalte von Männern und Frauen in den Badehäusern durchaus üblich. Spätestens mit der Reformation änderte sich dieses Verhalten jedoch, war doch im protestantisch-pietistischen Württemberg jegliches Vergnügen ohnehin verpönt. »Du kannsch' macha, was'd willsch – Hauptsach' smacht koin Spaß« war die Lebensphilosophie vieler in der damaligen Zeit. Außerdem vermutete man, dass ebenso, wie beim Schwitzen Wasser aus der Haut austreten, beim Baden Wasser durch die Haut in das Innere hineinfließen könne. Und weil Wasser in historischen Zeiten nicht immer sauber war, galt die Meinung, dass man durch Baden innerlich verschmutzt.

Im Jahr 1773 entdeckte man bei dem Versuch, einen Salzstock am Sulzerrain zu finden, eine stark strömende Mineralwasserquelle. Als sich die Heilkraft des Quellwassers erwiesen hatte, gründete König Wilhelm I. im Jahr 1821 einen Brunnenverein. König Wilhelm I. wurde zu einem großen Förderer von Cannstatt. Links des Neckars entstand bis 1829 das Schloss Rosenstein. »Rosenstein« war eine Wortschöpfung des Königs selbst, die den panoramareichen Platz über dem Neckarknie, anstelle der bisherigen unattraktiven Bezeichnung »Kahlenberg«, beschrieb.

Mit seiner »morgenländischen Alhambra im Zauberthale des Neckars« – heute Wilhelma genannt – schuf er sich seinen persönlichen Rückzugsort von den aufreibenden Amtsgeschäften. Das Wilhelmatheater wurde zum kulturellen Mittelpunkt. Bei der Eröffnungsvorstellung am 25. Mai 1840 wurde das

Ballett »Der Zauberschlaf« aufgeführt – ironischerweise wurde der Schlaf zum Schicksal des Theaters: Nach jahrzehntelanger Schließung wurde es am 3. Dezember 1987 wiedereröffnet, und zwar passender Weise mit dem Stück »Frühlings Erwachen«.

Der Hofbaumeister des Königs, Nikolaus von Thouret, schuf bis 1839 das herrliche Kursaalgebäude und der bis dahin kahle Hang des Sulzerrains wurde bepflanzt und zur landschaftsgestalterischen Stufe im nach Vorbild englischer Gärten neu geschaffenen Kurpark. Alles wurde also bestens vorbereitet, um Kurgäste aus aller Welt in Cannstatt begrüßen zu können; gerne auch komfortabel mit der Eisenbahn. Als Förderer des Eisenbahnbaus ließ König Wilhelm I. in Cannstatt den ersten Bahnhof Württembergs erbauen und der erste Zug im Land fuhr hier bereits am 22. Oktober 1845 (allerdings nur bis Untertürkheim und zurück).

Wenn man das Flair der Kurstadt Cannstatt beschreiben will, kommt man nicht umhin, aus zeitgenössischen Berichten zu zitieren. Es sei deshalb erlaubt, folgende Einschätzungen, die bereits von Manfred Schmid in seinem ausführlichen Buch über die Cannstatter Geschichte abgedruckt wurden, erneut darzustellen:

Die Luft in Cannstatt ist stets frisch, die Straßen trocken und reinlich, da die vielen Mineralquellen, die als kleine Bäche Cannstatt durchfließen, alle Unreinlichkeiten rasch dem Neckar zuführen, deßhalb können sich nirgends stagnierende Wasser oder Sümpfe bilden.

Cannstatt vereinigt nun in sich alle Bedingungen eines klimatischen Kurortes; es bietet zugleich die Vortheile eines angenehmen Landaufenthaltes wie es auch den Ansprüchen des Comforts völlige Genügung zu leisten im Stande ist. Die geeignetste Zeit zum Beginne der Kur fällt in den Anfang des Monats Mai, und kann bis September und Oktober fortgesetzt werden. Im Allgemeinen paßt das Frühjahr und der Herbst mehr für vollsaftige und fettleibige Personen, während die eigentlichen Sommermonate für blutarme und schwächliche Personen am zuträglichsten sind.

Heinrich Ebner, Album von Cannstatt, 1868.

Seit einigen Jahren sieht sich Cannstatt nicht allein in der wärmeren Jahreszeit, sondern auch sogar während des Winters, von Fremden besucht. Sein äußerst mildes Klima, seine gegen rauhe Winde geschützte Lage, verbunden mit den übrigen bereits von uns detaillierten Annehmlichkeiten machen es zum Aufenthalte schwächlicher, brustkranker Personen aus dem nördlichen Europa besonders geeignet. Es ist das Hyeres des südlichen Frankreichs und das Nizza von Italien.

Stuttgarts romantische Umgebungen, 1846.

Nicht nur Gäste aus der Ferne, auch die benachbarten Stuttgarter besuchten die Kurstadt gerne. Auch sie benahmen sich so, als ob sie auf Kur wären, wie der im Jahr 1844 in »Humoristische Bilder aus Schwaben« erschienene Bericht von Carl Theodor Griesinger beweist:

Ein Sonntagmorgen in Cannstatt

An einem Sonntagmorgen, in den Monaten Juli und August begebe man sich in Stuttgart in aller Frühe an den Platz wo die Fiacres stehen, die von Cannstadt nach Stuttgart hin und her fahren. Es ist zwischen 5 und 6 Uhr. Der Himmel hat ein blaues Kleid angezogen, die Menschen aber, die hier an dem Waisenhausplatze zusammenströmen, ein weißes. Was giebt es denn? Wo ist denn Hochzeit? Umsonst werden sich die Herren und Damen doch nicht geputzt haben? Ganz und gar nicht; es ist heute Sonntag und man muß nach Cannstadt. Ein Frack ist ein notwendiges Uebel; ohne Frack hat man in keiner modern gebildeten Gesellschaft Zutritt, und es ist Jammerschade, daß die Damen nicht auch Fracks tragen. Aber noch nothwendiger als ein Frack ist die Anwesenheit in Cannstadt an einem Sommer-Sonntagmorgen. Wer nicht dahin geht, hat weder Geschmack, noch Bildung [...].

In Cannstadt sieht man sich nicht um. Das Ziel ist nahe, es ist die Sulzerrainquelle [...].

Gesunde Quellen

Hier ist der Sammelplatz der schönen und vornehmen Welt. Stuttgarter, Cannstadter, Badgäste – Alle in bunter Masse untereinander gemischt. Wer eigentlich Badgast ist, kann man nicht unterscheiden; und dieser Punkt ist es eben, worauf die Stuttgarter es abgesehen haben. Ist es denn nicht natürlich, daß bei der jetzigen Badereisewuth kein Mensch mehr in Ehren bestehen kann, der nicht alle Jahre in ein Bad geht? Eine Badereise ist jetzt so nothwendig, als ehemals eine Frau. Leider aber hat nicht Jedermann Geld und absonderlich nicht genug Geld, um in die Ferne ziehen zu können. Was thut er nun, er geht am Sonntagmorgen nach Cannstadt. Wer kann's ihm da ansehen, daß er nicht Badgast ist?

Für die vornehmen Gäste aus dem In- und Ausland entstanden prächtige Hotels, wie beispielsweise das »Hotel Hermann« in der Badstraße, wo sich heute das Krankenhaus vom Roten Kreuz befindet. Andere Badhotels hießen »Hotel Wilhelmsbad«, »Badhotel Ochsen« oder »Hotel Bellevue«. Neben eleganten Innenräumen besaßen sie ausgedehnte Gärten, die im Sommer für Musik- und Theateraufführungen genutzt wurden.

Der Garten des Badhotels Hermann.

Die Badegäste waren sehr anspruchsvoll; waren sie doch oft von adeligem Geblüt. Carl Hermann Beck benennt in seiner Cannstatter Chronik für das Jahr 1852 insgesamt 1456 Kurgäste. Darunter waren zwei Könige, zwei Königinnen, zwei Großfürsten, fünf Fürsten, vier Herzoginnen, zwei Prinzen, eine Prinzessin, ein Markgraf, ein Graf, fünf Marschälle, zwei Lords und eine große Anzahl Angehöriger des niederen Adels.

Kurvergnügen und Therapie

Natürlich gab es auch regelrechte Heilanstalten. In der Heilanstalt von Heinrich Ebner an der Ecke Badstraße und Marktstraße wurden die Kranken im eleganten Marmorbassin mit warmem und kaltem Mineralwasser unterschiedlichster Stärke von ihren orthopädischen Leiden kuriert.

Das erste Sanatorium war jedoch die »Heilanstalt für Orthopädie«, die Jakob von Heine im Jahr 1829 gründete. Jakob von Heine forschte auch im Bereich der Orthopädie und beschrieb 1840 seine Entdeckung der spinalen Kinderlähmung (Poliomyelitis, bzw. nach ihm benannt Heine-Medin-Krankheit).

Eine Galvanisch-Magnetische Badewanne.

Haut- und Flechtenkranke gesundeten in der Heilanstalt von Albert Veiel, die am 1. Juli 1837 als erste deutsche Hautklinik eröffnet wurde.

Bemerkenswert war auch die Galvanisch-magnetische Heilanstalt von Theobald Kerner. Der Sohn des Arztes und Dichters Justinus Kerner betrieb von 1856 bis 1863 in der Badstraße (gegenüber des Hotels Hermann, das heutige Krankenhaus vom Roten Kreuz) diese Einrichtung für mutige Kuranten. Dort wurde der Patient in einem mit Mineralwasser gefüllten, isolierenden Holzzuber unter Strom gesetzt, so dass die Mineralien besser in den Körper eindringen konnten. Eine ähnliche hydroelektrische Anwendung ist das heute noch bekannte Stangerbad.

Gesundes Lernen in Cannstatt

Neben Cannstatts Eigenschaft als Stadt der Gesundung galt es auch als vorbildliche Erziehungsstätte. So gab es eine ganze Anzahl an Knabeninternaten und Höheren Töchterschulen. Von weit her schickten vermögende Eltern ihren Nachwuchs nach Cannstatt, damit er in dem günstigen, gemäßigten Klima und bei Bedarf spezieller ärztlicher Überwachung, ordentlich und standesgemäß erzogen wird.

Deshalb liest sich die Liste der Zöglinge, die beispielsweise im Jahr 1879 die Knabenerziehungsanstalt besuchten, wie ein internationales Adressbuch. Um nur wenige daraus zu nennen:

Charles Pooth, Sohn eines Advokaten in Sheffield, England
Paul Dumont, Sohn eines Privatiers in Genf, Schweiz
Gino Dozza, Sohn eines Ingenieurs in Bologna, Italien
David Ferrari, Gutsbesitzers Sohn, Casalpusterlengo, Italien
Franz Hesselbart, Sohn eines Fabrikanten in Monterey, Mexiko
Julius Lauthier, Sohn eines Privatiers in Alexandria, Ägypten
Friedrich Morgan, Sohn eines Kaufmanns in Cleveland, Ohio
Georg und Friedrich Wolmershausen, Fabrikanten Söhne, London

Nur in Budapest gibt es mehr Mineralwasser

Auch wenn Bad Cannstatt ab Ende des 19. Jahrhunderts seine Funktion als Kurstadt und Treffpunkt des internationalen Familien- und Finanzadels einbüßen musste, ist es doch immer noch ein Badeort. Seit dem 23. Juli 1933 trägt Cannstatt die Bezeichnung »Bad« vor seinem Namen. Mit 19 Mineralquellen und durchschnittlich 22 Mio. Liter täglicher Quellschüttung liegt es nach Budapest (123 Quellen – 70 Mio. Liter) an zweiter Stelle in Europa. Im »Heilbad Cannstatt«, im »Mombach-Bad«, im »Leuze« und dem nach seiner derzeitigen Sanierung wohl Anfang des Jahres 2019 wieder eröffneten »Mineralbad Berg« kann man in die gesunden Fluten hineinsteigen.

Aus mehreren Brunnen im Bad Cannstatter Gebiet kann man das gesunde Wasser trinken, manche füllen es sich in Flaschen ab. Wie gesund das Wasser ist, hat bereits der fürstliche Hof-Medicus Georg Friedrich Gmelin beschrieben: Das Wasser sprudele zwar »trüblecht auf«, sei aber »chrystallen klar«, sobald man es schöpfe. Es helfe gegen »schwache Däuung« ebenfalls, wie bei »Magendrücken, Leibs-Durchbrüchen, allzu hefftige oder verstopfte monathliche Reinigung, weißen Fluß, Hertzklopffen, Hauptweh und allerley Catharr-Fieber«. Generell sei »es in der Lage, manch Räudigem oder Schäbigem gewaltig den Harnisch zu bürsten«.

Mit dem Abfüllen des gesunden Trunks in Flaschen gab es allerdings Probleme. Die seit den 1950er Jahren erfolgreiche Bad Cannstatter Sprudelfabrik musste 1984 ihre Produktion einstellen, weil damals Chlorkohlenwasserstoff-Verbindungen darin gefunden wurden, die wohl durch industrielle Verschmutzungen des Grundwassers im Mineralwassereinzugsbereich entstanden waren. Zwischenzeitlich sind die Schadstoffe zwar abgebaut und nicht mehr nachweisbar, die Sprudelfabrik gehört jedoch der Vergangenheit an.

Cannstatt als Industriestadt

Das Flair der vornehmen Badestadt nahm in dem Maße ab, in dem Cannstatts Funktion als Industriestadt wuchs. Die von König Wilhelm I. begonnene Industrialisierung des ursprünglich reinen Agrarstaates Württemberg trug seine Früchte. Unter seinem Sohn und Nachfolger König Karl wurde der Aufbau mittelständischer Unternehmen als noch heute funktionierende Grundlage des Wohlstandes vorangetrieben. Cannstatts Lage an den wichtigen Verkehrswegen, am Fluss und im Mittelpunkt einer dicht besiedelten Region war für eine Fabrikstadt optimal.

Die erste Fabrik in Cannstatt war eine Kattunfabrik, die bereits ab 1712 Baumwollstoffe herstellte, später kamen eine Seidenfabrik und eine Tapetenfabrik hinzu. Es gab Garnfärbereien und Baumwollspinnereien, die für ihre Produktion Wasser benötigten und Brunnen bohrten. Interessanterweise sank mit jedem neu erbohrten Brunnen die Schüttung der bereits vorhandenen. Dadurch erkannte man, dass die Quellen unterirdisch miteinander zusammenhängen und verbot das Bohren neuer Brunnen.

Mit dem Ausbau der Eisenbahn siedelten sich neue Unternehmen an. Am 22. Oktober 1845 fuhr der erste Zug von Cannstatt nach Untertürkheim, ab Juli 1846 zunächst über eine Holzbrücke, später durch den neu erbauten Rosensteintunnel nach Stuttgart. Bereits 1853 war die Strecke von Bietigheim über Cannstatt und Ulm nach Friedrichshafen am Bondensee in Betrieb. Zehn Jahre später wurde die Remstalbahn von Cannstatt nach Nördlingen eingeweiht.

Wie bei der Eisenbahn wurde die Dampfmaschine auch in der Industrie zum Motor des Erfolgs. Ab 1856 wurden diese sogar durch die Maschinenfabrik Stoll und Pfälzer in Cannstatt produziert. Bei der Gewerbeausstellung im gleichen Jahr würdigte eine von Stoll und Pfälzer produzierte Schnellpresse das Engagement des Königs mit einem Vers, der von Justinus Kerner selbst ersonnen worden sei:

Lasst Euch heut in diesen Hallen in das Herz gepräget sein,
was des Vaterlands Geschichte prägt einst ihren Tafeln ein:
König Wilhelm, als gehoben er des Vaterlandes Flur,
Ackerland und Rebenberge tragen seiner Sorge Spur,
bot darauf auch den Gewerben die nie müde warme Hand,
bis das Land des Ackerbaues ward auch der Gewerbe Land.

Der Wohlstand für das Bauernland Württemberg, das nach Wetterkatastrophen oder Kriegseinwirkungen immer wieder Hunger litt, lag im Wachstum von Industrie und Gewerbe. Durch die seit jeher übliche Realerbteilung waren den Bauernfamilien nur noch schmale Ackerstreifen geblieben, die nicht genug zum Leben gaben.

In unseren heutigen Wohlstandszeiten hätte Kerner diese Worte angesichts der fortschreitenden Flächenversiegelung, unter anderem durch Gewerbegebiete, möglicherweise nicht gewählt.

Wichtige Fabriken und Arbeitgeber jener Zeiten waren beispielsweise die Maschinenfabrik »Decker & Cie.«, die später in der »AEG« aufging, die Druckmaschinenfabrik »Mailänder«, die später nach Feuerbach verlagerte Knet- und Backmaschinenfabrik »Werner & Pfleiderer« und die Strickmaschinenfabrik »Terrot Söhne«. Wer aufmerksam durch die Stadt geht, sieht noch heute Gullideckel, die von der Eisengießerei »Streicher« produziert wurden. Nicht weit weg vom Streicher-Areal stand die Cannstatter Bettfedernfabrik, die über 120 Jahre lang weltweit weiche Daunen für süße Träume lieferte.

Förmlich aufatmen konnte die Damenwelt, als anstelle der bisher üblichen geschnürten Korsetts der Büstenhalter trat. Die erste Serienproduktion eines solchen Wäschestücks gelang dem Cannstatter Sigmund Lindauer mit seinem Modell »Hautana«, 1890 in die Marke »Prima Donna« umbenannt, die bis heute existiert. Der Büstenhalter machte die 1865 vom Vater Lindauers gegründete Korsettfabrik Salomon Lindauer in der Hallstraße weltberühmt.

Cannstatt als Industriestadt

1903 übernahm der Ingenieur Albert Hirth einen auf die Herstellung von Lederbearbeitungsmaschinen spezialisierten Betrieb und benannte ihn »Fortuna Werke«. Seither wurden Maschinen, wie eine Flaschenplombier und -etikettiermaschine, die gerne von Brauereien gekauft wurde, und Fühlermessgeräte, Präzisionsschleifspindeln, Kaltsägen und viele andere innovative Produkte hergestellt. Als Inhaber mehrerer Patente wurde Albert Hirth auch als Erfinder des Vierfarbstifts bekannt. Sein Sohn Hellmuth Hirth, der 1909 vom Cannstatter Wasen aus seine ersten Flugversuche startete, bastelte in der Fabrik seines Vaters an seinen ersten Flugmotoren. Später produzierte er Zweitaktmotoren, bis die Gebrüder Mahle am 1. Dezember 1920 seine Teilhaber wurden.

Die Gebrüder Mahle konzentrierten sich auf die Produktion von Motorenkolben und setzen auf diesem Gebiet seither weltweit Präzisionsmaßstäbe. Als eines der weltweit 20 größten Zulieferunternehmen im Automobilbau und Weltmarktführer im Kolbenbau, beschäftigt die Firma derzeit an 170 Standorten weltweit über 70.000 Mitarbeiter. Zwischenzeitlich geht die Produktpalette weit über den Kolbenbau hinaus – in Richtung zukunftsfähiger Technologien im Automobilbau.

Die genannten Unternehmen hatten bzw. haben ihren Sitz in der gewerblich geprägten Neckarvorstadt. Dabei darf die Sektmanufaktur Ludwig Rilling nicht unerwähnt bleiben, hat sie doch seit dem Jahr 1900 denselben Standort in der Brückenstraße 8–10. Gegründet 1887 von Ludwig Rilling, produziert die Firma feine Sekte und Weine, die im weiten Gewölbekeller aus dem Jahr 1608 reifen.

Gottlieb Daimlers Cannstatter lautstarke Erfindung

Der »gute Stern auf allen Straßen«, die Firma Daimler, wird heute weltweit mit Stuttgart-Untertürkheim assoziiert. Gegründet wurde die Daimler-Motorenwerke AG allerdings 1890 in Cannstatt. Gottlieb Daimler, gebürtiger Schorndorfer und Absolvent der Polytechnischen Schule in Stuttgart, war zunächst bei Maschinenfabriken in Reutlingen und Karlsruhe in leitenden Positionen tätig, bevor er 1872 technischer Leiter der Gasmotorenfabrik in Deutz bei Köln wurde. Zehn Jahre später verließ Daimler nach Differenzen mit der Geschäftsleitung die Firma und zog nach Cannstatt, wo er von der Witwe des Freiherrn von Taubenheim ein großzügiges Anwesen mit parkähnlichem Garten neben dem Kurpark erwarb. Das Gewächshaus im Garten wandelte er zur Werkstatt um und bastelte dort an seiner Erfindung. Er plante einen benzinbetriebenen Motor, der sich sowohl an Land als auch im Wasser aber auch in der Luft als Fahrzeugantrieb verwenden ließ. Diese drei Elemente symbolisiert auch der von ihm selbst erdachte Stern, der im Jahr 1909 das offizielle Markenzeichen der Daimler-Motorenwerke AG wurde.

Werkstattgebäude Gottlieb Daimler.

Die Nachbarschaft wunderte sich über den Cannstatter Neubürger, der sich nicht für die Öffentlichkeit interessierte, und man rätselte, was er im Gartenhaus wohl anstellen würde. Schließlich verdächtigte man ihn sogar der Falschmünzerei und zeigte ihn bei der Polizei an. Ein Gärtner besorgte den Schlüssel für das Gartenhaus und die Polizei versuchte, Daimler in flagranti zu ertappen. Sicherlich konnten die Polizisten, die nur eine Werkstatteinrichtung und Motorenteile vorfanden, nicht ahnen, welche Bedeutung diese Erfindung einmal haben wird. Man stellte jedoch beruhigt fest, dass kein Falschgeld hergestellt wurde und ließ ihn gewähren. Am 3. April 1885 meldete Daimler ein Patent für seinen Motor, der wegen seines Aussehens den Spitznamen »Standuhr« trug, beim Kaiserlichen Patentamt an.

Bald darauf konnte Daimlers Erfindung auch von den Cannstattern und den Kurgästen beobachtet und vor allem gehört werden. Insbesondere, wenn Paul Daimler, Gottliebs Sohn, als erster »Motorradrocker« der Welt auf seinem »Reitwagen« durch die kurstädtisch ruhigen Straßen von Cannstatt knatterte. Weil der Motor so laut war, baute Daimler ihn schließlich in ein Boot ein und testete die Maschine abseits der Stadt auf dem Neckar. Auch in der Luft war der Motor unterwegs: Am 10. August 1888 flog ein motorbetriebenes Luftschiff vom Cannstatter Seelberg bis nach Kornwestheim.

Außerdem interessierte den Erfinder auch der öffentliche Nahverkehr. Er konstruierte eine motorbetriebene Straßenbahn, um Kurgäste vom Wilhelmsplatz zum Kursaal zu transportieren. Zuerst präsentierte er das mit einem Einzylindermotor betriebene Gefährt 1887 auf dem Cannstatter Volksfest, danach fuhr es einige Jahre in der Kurstadt hin und her, bis Daimler die Kurbahn als defizitär erkannte und wieder einstellte.

Am 6. März 1900 starb Gottlieb Daimler in Cannstatt und musste nicht mehr erleben, wie seine Fabrik 1903 in Flammen aufging. Infolgedessen wird seit 1904 am heutigen Standort in Untertürkheim produziert. Die Daimler-Villa wurde im

Boot mit Daimler-Motor auf dem Neckar – Hinter dem Motor Gottlieb Daimler und Wilhelm Maybach.

Zweiten Weltkrieg von einer Bombe getroffen und zerstört. Daimlers Rückzugsorte, ein Türmchen mit Wandelhalle im heutigen Kurpark sowie die Gartenhauswerkstatt sind allerdings noch vorhanden. Das Bauwerk steht heute als Gottlieb-Daimler-Gedächtnisstätte unter Denkmalschutz und zeigt einen interessanten Rückblick auf Gottlieb Daimlers Lebenslauf und eine zeitgenössische Werkstatteinrichtung.

Gottlieb Daimlers »Kurbahn« 1887.

Cannstatt gibt seine Selbstständigkeit auf

»Die Bevölkerung Cannstatts wuchs im 19. Jahrhundert von etwa 3.500 auf knapp 30.000 Einwohner an. Als Oberamtsstadt (alte Bezeichnung für Kreisstadt) war Cannstatt der Verwaltungsmittelpunkt für ein weites Umland. Dazu gehörten vor allem die Neckargemeinden von Hedelfingen bis Mühlhausen sowie der Ort Sillenbuch auf der Filderebene, aber auch das vordere Remstal mit Fellbach, Schmiden, Oeffingen, Stetten und weiteren.

Ende des 19. Jahrhunderts wurden die Verbindungen zur Residenzstadt Stuttgart immer enger. Deshalb erbaute man die 1893 eingeweihte König-Karls-Brücke, welche die großen Verkehrsmengen zwischen den beiden Städten, darunter auch die Pferdestraßenbahn, besser aufnehmen konnte als die schmale Wilhelmsbrücke. Der Aufbau der öffentlichen Infrastruktur, darunter nicht zuletzt die Netzleitungen für Gas, Frischwasser und Elektrizität, überforderten die finanzielle Leistungsfähigkeit der Stadt. Nach langem Abwägen entschied man sich schließlich für eine Vereinigung (keine Eingemeindung!) mit der Stadt Stuttgart. Diese Vereinigung fand, anlässlich der Einweihung des neuen Stuttgarter Rathauses, am 1. April 1905 im Beisein von König Wilhelm II. statt.

Die erwartete Blütezeit endet schnell

In den ersten zehn Jahren nach der Vereinigung konnte die zuvor genannte Infrastruktur schnell ausgebaut werden. Weiterhin entstanden auch neue öffentliche Bauten, wie die Altenburgschule oder der Kleine Kursaal. Auf der Altenburg baute die Militärverwaltung auf den kurz vorher entdeckten Resten des römischen Kastells die Königsdragonerkaserne. Auf dem Cannstatter Wasen starteten Flugzeuge und auch Graf Ferdinand von Zeppelin landete dort mit seinem Luftschiff. Außerdem baute man auf dem

Wasen ein Stadion, das allerdings 1914 durch einen Brand wieder zerstört wurde.

Im Jahr 1914 begann der Erste Weltkrieg. Dieser kostete vielen der »gelben Reiter« aus der Königsdragonerkaserne und noch mehr jungen Menschen aus Cannstatt das Leben. Die Wirtschaft lag brach, Reparationszahlungen leerten die öffentlichen Kassen, die kurze Blütezeit nach der Städtevereinigung endete schnell.

Dazu kam noch ein schlimmes Hochwasser, das am Weihnachtsabend 1919 die ganze Innenstadt unter Wasser setzte. Erst 12 Jahre später konnten die letzten Beschädigungen repariert werden. Bereits 1925 und nach kaum zehn Jahren Betrieb wurde der Flughafen vom Cannstatter Wasen nach Böblingen verlegt. Ab 1930 erleichterten zusätzliche Neckarbrücken den zunehmenden Verkehrsfluss. Die Rosensteinbrücke, die neue Wilhelmsbrücke und der Berger Steg wurden eingeweiht. Um den, nach der Weltwirtschaftskrise wieder aufkeimenden wirtschaftlichen Aufschwung zu unterstützen, hatte man die Idee, das Mineralwasservorkommen mehr in Szene zu setzen und wieder Kurgäste anzulocken. Hierfür wurden die Kureinrichtungen modernisiert und ausgebaut, die Gottlieb-Daimler-Quelle erschlossen und Cannstatt erhielt am 23. Juli 1933 den Namenszusatz »Bad«.

Allerdings bremste der Zweite Weltkrieg den ersehnten Aufschwung wieder aus. Cannstatts Lage an den überregionalen Verkehrswegen, die oft zum Vorteil gereichte, wurde nun zum Nachteil. Der in den 1920er Jahren ausgebaute Bahnhof, das Straßenverkehrskreuz und die vielen Industriefirmen waren ein häufiges Ziel alliierter Bombergeschwader, die auch nahezu ein Drittel der Wohngebäude zerstörten oder unbewohnbar machten. Die Rosensteinbrücke wurde von einer Luftmine zerstört, während alle anderen Neckarbrücken, bis auf den Berger Steg, in dem die Wasserleitung nach Stuttgart verlief, von abziehenden Truppen der deutschen Wehrmacht in den letzten Kriegstagen gesprengt wurden.

Cannstatt nach zwei Weltkriegen

Die Jahrzehnte nach dem Zweiten Weltkrieg waren durch den Wiederaufbau bestimmt. Neben den Gas-, Wasser- und Elektrizitätsnetzen wurden zunächst die Brücken, die Krankenhäuser und die Schulen instandgesetzt. Aus der ehemaligen Adolf-Hitler-Kampfbahn wurde das Neckarstadion gebaut, mit dem Erfolg, dass der VfB 1950 und 1952 Deutscher Fußballmeister wurde.

Die Wilhelma wird ein Zoo

Die maurischen Gebäude der Wilhelma hatten die Bombenangriffe teilweise überstanden. Nach dem Zweiten Weltkrieg wurde das Gelände, welches nach Ende der Monarchie als botanischer Schaugarten genutzt wurde, zum botanisch-zoologischen Garten. Diese Wandlung war der Verdienst von Albert Schöchle, dem langjährigen Leiter der Wilhelma und der staatlichen Gärten. Nachdem in den ersten Jahren nach dem Krieg vor allem Gemüse zur Versorgung der Stuttgarter Krankenhäuser auf dem Areal angebaut worden war, organisierte Schöchle 1951 eine Schau über afrikanische Steppentiere mit Zebras, Antilopen sowie Giraffen und 1952 eine über indische Dschungeltiere mit Elefanten und Tigern. Nach Beendigung der Ausstellungen blieben die Käfige mit den wilden Tieren in der Wilhelma und konnten von der Bevölkerung bestaunt werden.

Das Finanzministerium jedoch hielt die Haltung von Wildtieren für eine unnötige Geldverschwendung in Zeiten der knappen Kassen aufgrund des Wiederaufbaus und forderte das Ende des kleinen Zoos. Durch eine List erschlich sich Schöchle dann doch die Genehmigung. Er bat den neuen Finanzminister Frank, der von den Vorgängen nichts wusste, ein Löwenbaby zu taufen. Dieser übernahm gerne diesen pressewirksamen Auftritt und mit seinem Taufspruch war der Zoo schließlich genehmigt.

Heute ist die Wilhelma durch die Kombination Zoologie und Botanik auf 30 Hektar Fläche eine höchst attraktive Sehenswürdigkeit, die jährlich von über einer Million Menschen besucht wird. Im zweit-artenreichsten Zoo Europas kann man etwa 11.000 Tiere aus 1.200 Arten bestaunen. Rund 7.000 Pflanzensorten machen jeden Besuch zu einem farbenprächtigen Erlebnis im Rahmen maurischer Architekturen.

Zu Zeiten des Wirtschaftswunders wurde so manch altes, kriegsbeschädigtes Gebäude schnell durch einen funktionalen Neubau ersetzt. Die Ziele der autogerechten Stadt schlugen Schneisen in das von einem mittelalterlichen Kern und einer kurstädtischen Erweiterung geprägte Cannstatter Ortsbild.

Aber hinterher ist man immer schlauer. Städtebau ist immer Ausdruck der Gesellschaft, in der er stattfindet. Im übertragenen Sinne heißt dies, wenn damals die Bedürfnisse nach Mobilität es erforderten, dass sieben teilweise mehrspurige Straßen, davon vier mit Straßenbahngleisen, in den Wilhelmsplatz hineinmünden, dann kann man nicht erwarten, dort einen idyllischen Stadtplatz vorzufinden. Und dass die Straßen zu groß dimensioniert seien, wird niemand behaupten, der dort schon einmal im Stau stand.

Entwicklungen der jüngsten Vergangenheit

Der Altstadtkern von Bad Cannstatt war in der 1980er Jahren eines der großen Stuttgarter Sanierungsgebiete. Viele Gebäude wurden restauriert, Fußgängerzonen wurden eingerichtet. Seit 2013 ist sogar der Marktplatz autofrei. Die Stadtmauer wurde im Zusammenhang mit der Neubebauung um den Felgerplatz wieder sichtbar gemacht. In das alte Frauengefängnis sind Bewohner – statt Insassen – eingezogen und der Kursaal sowie das Heilbad daneben wurden umfassend saniert. In der Nähe des Bahnhofs entstand auf dem Gelände des AEG-Transformatorenwerks

Trafo-Union das »Cannstatter Carrée« mit einem großen Einkaufszentrum, Arztpraxen und Büroflächen.

Auf der anderen Seite des Bahndamms begann die neue Gestaltung der sogenannten »Fabrikvorstadt« und des ehemaligen »Bad Cannstatter Güterbahnhofs« mit der Sanierung eines Kontor- und Lagergebäudes. Der aus dem Jahr 1921 stammende Eisenskelettbau mit Backsteinwänden und Sprossenfenstern wurde ursprünglich für den Großeinkaufsverein der Kolonialwarenhändler genutzt und war ideal für die Unterbringung des Stuttgarter Stadtarchivs. Auf etwa 10.000 Quadratmetern findet man heute das Gedächtnis unserer Stadt in Text-, Bild- und Tondokumenten, die in klimatisierten Magazinen lagern und den interessierten Besuchern bzw. Buchautoren zum Studium im Lesesaal ausgelegt werden.

Ein Blick in die Zukunft

Der Mit einer Fläche von 22 Hektar ist der »NeckarPark« eines der großen Entwicklungsgebiete der Stadt. Hier war das Olympische Dorf geplant, für den Fall, dass Stuttgart im Jahr 2012 Austragungsort der Olympischen Spiele geworden wäre. Unter den deutschen Bewerberstädten wurde damals Leipzig auserkoren, seine Bewerbung beim Olympischen Komitee einzureichen. Das Komitee entschied sich letztendlich für London.

Nun sollen im »NeckarPark« bis zum Jahr 2021 für etwa 2.000 Menschen 450 Wohnungen und die notwendigen Schulen und Kindergärten entstehen. Im Jahr 2017 wurde wird bereits die »Grüne Mitte« fertiggestellt, ein etwa 9.000 Quadratmeter großer Quartierspark mit Bäumen, Rasenflächen und Spielgeräten für alle Altersgruppen. Bis zum Jahr 2019 soll ein Sportbad mit einem 50 Meter langen Schwimmbecken entstehen. Eine Wiesen- und Kräutermulde, in der das unterirdisch gesammelte Regenwasser verdunstet, verbessert das Mikroklima in diesem neuen Stadtteil. Nach außen, also zu den Sportflächen der Hanns-Martin-Schleyer-Halle, dem Stadion sowie zum Cannstatter Wasen hin, soll das Wohngebiet durch Büro- und Hotelgebäude abgegrenzt und lärmgeschützt werden.

Durch den 1.300 Meter langen Rosensteintunnel, der Ende des Jahres 2020 eröffnet werden soll, wird der Verkehr der Bundesstraße 10 vor dem Wilhelma-Eingang um mehrere Tausend Fahrzeuge reduziert. Zwei Straßenspuren entfallen und die Grünflächen werden verbreitert. Die neue Haltestelle der Stadtbahn befindet sich schon heute direkt vor dem Wilhelma-Eingang. Diese Maßnahmen werden die Wohnqualität in der Neckarvorstadt extrem steigern und aus der »Fabrikvorstadt« des 19. Jahrhunderts wird ein lebendiges Wohn- und Arbeitsquartier.

Die Neckarufer wurden bereits auf der östlichen Seite der König-Karl-Brücke bis zum König-Wilhelm-Viadukt an der Reinhold-Maier-Brücke zu einer schönen Flusslandschaft gestaltet. In der Nähe der Altstadt ankert das Theaterschiff »Frauenlob«, daneben befindet sich der Biergarten. Weiter unten bietet das Spielschiff »Neckarine« den Kindern einen attraktiven Platz zum Toben und Klettern. Die westliche Neckarseite allerdings zeigt zwischen der Rosensteinbrücke und der Aubrücke eher den Charme eines Industrieflusses. Das soll jedoch nicht so bleiben: Der »Landschaftspark Neckar« fasst verschiedene Planungen, Renaturierungen oder Uferpromenaden, die in den verschiedenen Bereichen vorgesehen sind, zusammen. Die denkmalgeschützte alte Eisenbahnbrücke könnte es als Fuß- und Radwegverbindung zwischen Rosensteinpark und Bad Cannstatt noch attraktiver machen, das Auto bei innerstädtischen Wegen einfach mal stehen zu lassen.

Mit 18 Stadtteilen ist Bad Cannstatt heute der größte der 23 Stuttgarter Stadtbezirke. Bad Cannstatt umfasst eine Fläche von insgesamt 15,7 Quadratkilometern, auf der knapp 70.000 Menschen in etwa 35.000 Haushalten wohnen.

Felbenköpf' und Mondlöscher

Die Bad Cannstatter bekamen schon im 19. Jahrhundert zwei Spitznamen: »Felbenköpf'« und »Mondlöscher«. Hintergrund sind historische Begebenheiten, über die zu berichten ist:

Felbenköpf'

Genaues weiß man nicht. Manche setzen das Geschehen ans Ende des 17. Jahrhunderts, als General Ezéchiel de Mélac Esslingen belagerte und die Cannstatter Angst hatten, dass die Franzosen auch ihre Stadt erobern und zerstören. Andere meinen, es wäre im Februar des Jahres 1848 passiert, als es in Frankreich zur sogenannten »Februarrevolution« kam und die Cannstatter erwarteten, dass bald die französische Armee vor den Toren der Stadt erscheint. Egal wie, jedenfalls wurde eine Bürgerwehr gebildet, die nachts das östliche Neckarufer besetzte und die Stadt beschützte.

Tatsächlich erschien in einer nebligen Nacht eine große Anzahl »baumlanger Kerle«, die sich am anderen Ufer in Schützenlinie aufgestellt hatten. Allerdings fiel kein Schuss und die Cannstatter beobachteten die Feinde die ganze Nacht hindurch bis zum Morgengrauen. Als sich mit dem neuen Tag der Nebel lichtete, erkannten die mutigen Männer, dass die vermeintlichen Franzosen nur Weidenbäume waren, von deren knorrigen Köpfen Korbmacher zuvor Äste und Ruten abgesägt hatten – wodurch die Baumkronen im Nebel wie struppige Haare wirkten. Der Spott hierüber brachte den Cannstattern den Namen »Felbenköpf'« (Felbe: Weide) ein.

Mondlöscher

Schon im Herbst des Jahres 1886 leisteten die Cannstatter sich einen neuen Spritzenwagen für ihre Feuerwehr. Ein prächtiges Fahrzeug mit einer Spritzenpumpe, vielen langen Schläuchen und messingfarbenen Alarmglocken. Allerdings dauerte es über ein halbes Jahr, bis das Fahrzeug endlich zum Einsatz kam: Am Ostersamstag 1887 bemerkte der Wächter auf der Stadtkirche im Osten einen Feuerschein und läutete die Feuerglocke. Da der Einsatz des neuen Spritzenwagens so lange gespannt erwartet wurde, rannten sämtliche Feuerwehrleute und hunderte Cannstatter in Richtung Seelberg, der vermeintlichen Brandstelle. Nur fanden sie kein Feuer – sie sahen nur die blutrote Scheibe des Vollmondes, der soeben aufgegangen war.

Cannstatter Originale

Wann und ob der sagenhafte »Schmied von Cannstatt« gelebt hat, weiß man nicht. Seine zwar gelogenen, aber spannenden Geschichten wurden jedoch in den Cannstatter Familien weiter erzählt. Einmal – so soll der Schmied erzählt haben – war er im Krieg und ritt durch ein Stadttor, woraufhin sofort das Fallgitter heruntergelassen wurde. Das Gitter schnitt sein Pferd hinter dem Sattel entzwei, sodass er auf dem vorderen Teil bis zum Marktplatz weitergeritten sei und den Feinden einen gehörigen Schrecken eingejagt hätte. Ein anderes Mal sei er im Wald gewesen, als ein Eber mit ellenlangen Zähnen ihn ansprang. Er flüchtete hinter eine Eiche, der Eber trieb jedoch einen Zahn durch die Eiche hindurch, so dass die Spitze des Zahns auf der anderen Seite herausschaute. Daraufhin hätte er mit dem Griff seines Dolches die Spitze umgebogen, wie es Schmiede bei vorstehenden Nägeln an einer Kiste machen, und der Eber war gefangen.

Die unglaublichste Geschichte soll jedoch passiert sein, als er eine Fischreuse im Neckar treiben sah. Er ritt auf seinem Pferd in den Neckar hinein um die Reuse zu fassen, da tauchte plötzlich ein riesiger Fisch auf und verschlang Ross und Reiter. Später wurde der Fisch gefangen und auf den Markt gebracht. Kaum hatte man den riesigen Fisch mit dem Tranchiermesser aufgebrochen, sprang der Schmied von Cannstatt auf seinem Pferd sitzend unversehrt heraus.

Ein ähnliches Original war der Cannstatter Rössleswirt, der seinen Gästen gerne davon berichtete, wie er mitgeholfen habe, 1871 den Krieg gegen Frankreich zu gewinnen. Als Fürst Bismarck und der französische Außenminister Jules Favre in Versailles den Friedensvertrag verhandelten, wollte der Franzose auf viele Bedingungen nicht eingehen. Er meinte, die deutschen Truppen seien ja völlig ausgehungert und zu weiteren Kämpfen kaum in der Lage. Daraufhin ließ Bismarck den Cannstatter Rössleswirt rufen, dessen Leibesumfang legendär war. Als Favre den dicken Wirt sah, willigte er sofort in alle Friedensbedingungen ein.

Bad Cannstatter Fasnet

In protestantischen Orten trifft man selten auf eine ausgelassene Stimmung an Fasnacht, bzw. »Fasnet«. Bad Cannstatt macht hier eine rühmliche Ausnahme. Der erste Fasnetsumzug ist bereits im Jahr 1855 nachweisbar. Im Jahr 1925 wurde der Cannstatter Kübelesmarkt gegründet und ist heute aus dem Reigen der schwäbisch-alemannischen Fasnet der Cannstatter nicht mehr wegzudenken.

Die schwäbisch-alemannische Fasnet beginnt nicht wie der rheinländische Fasching am 11.11., sondern am Dreikönigstag. Deshalb stauben die Kübler am 6. Januar ab sechs Uhr ihre Masken ab. Diese sehen, in Anlehnung an die Bad Cannstatter Spitznamen, entweder wie ein Felbenkopf oder wie ein Mond aus. Nachdem der Brunnengeist des Jakobsbrunnens geweckt wurde, werden die neu aufzunehmenden Narren mit Mineralwasser getauft.

Am »schmotzigen Dunschtig« stürmen die Kübler das Rathaus und übernehmen für die Faschingstage die Regierungsgewalt. Dann wird – zur Versöhnung zwischen Bürgermeister und den neuen Machthabern – der »Rohrtrunk« gereicht. Er gründet auf ein altes Recht aus Zeiten vor der Reformation 1534, das historisch in allen Orten des Konstanzer Domkapitols Bestand hatte – also auch in Münster, Fellbach oder Untertürkheim. Damals ließen die volksfreundlichen, geistlichen Herren ihre Untertanen so viel durch ein Rohr aus ihren Fässern trinken, wie sie vermochten. 1852 schaffte die Staatsfinanzverwaltung den Rohrtrunk offiziell ab.

Während des Narrentreibens ziehen die »Hemdglonker« mit Nachthemd und Zipfelmütze durch die Straßen und auf dem Marktplatz beginnt das »Kübelesrennen«. In dreirädrigen Holzkübeln begeben sich die Mannschaften auf einen Rundkurs mit kuriosen Hindernissen und Tausende Zuschauer ergötzen sich besonders, wenn ein mit Prominenten oder gar mit Politessen besetztes »Rennkübele« dabei umkippt. Danach ergießt sich die Narrenschar in die vielen Cannstatter Wirtschaften und feiert zu den Klängen der zahlreichen »Lumpenkapellen« und »Guggenmusiken«, die auch von außerhalb nach Bad Cannstatt kommen.

Auch die weiteren Fasnetstage sind von allerhand Aktivitäten der Kübler bestimmt, beispielsweise der Küblerball im Kursaal am Samstag, die Darstellung der Felbensage durch die Narrengruppe am Sonntag und die Verteilung der Narrensuppe am Montag. Am Fasnetsdienstag findet die Küblerratssitzung im Kleinen Rathaus (Weinstube Zaiß) statt und die politische Prominenz liefert sich Wortgefechte in höchster Dialektik. Hunderte von Kindern warten in der Marktstraße auf den »Geizig«. Der führt die Kinder durch die Stadt und vor den Läden rufen sie: »Geizig, geizig, geizig isch der Bäck'. Und wenn er net so geizig wär, no gäb er au a paar Brezla her!« Da lassen sich die Ladenbesitzer natürlich nicht lumpen.

Abends wird es dann ernst. Die weiß-rot gekleideten Schwerttänzer machen dem Narren, der Gott verleugnet hat, symbolisch den Garaus. Als Bekehrter wieder erweckt, küren sie ihn zum Anführer, den sie auf Schwertern über ihre Köpfe heben. Schlussendlich treffen sich diejenigen, die noch können, kurz vor Mitternacht zur »Fasnetsverbrennsäufung«. In dunklen Gewändern zieht der Trauerzug mit einer Bahre, auf der eine Strohpuppe liegt, zum Narrenbaum vor dem Rathaus und singt das Abschiedslied. Dann wird die Puppe auf der Mitte der Wilhelmsbrücke gehängt und angezündet. Brennend stürzt sie schließlich in den dunklen Fluss und geht langsam darin unter.

Cannstatt und der Wein

»Am Morgen macht das Mineralwasser frisch und munter, am späten Vormittag aber g'lüschtig nach innerer Anwendung, was man am Besten mit zwei Viertele Cannstatter Zuckerle erledigt. So kommt in Cannstatt zur Nüchternheit des Wassers die Heiterkeit des Weines«, sagte einmal ein alter Kurarzt.

Ein schönes Symbol für diesen Satz – wenn auch verkehrt herum – ist der Brunnen von Hans Dieter Bohnet auf der Marktstraße zwischen Rathaus und Stadtkirche. Wie eine Weinpresse wirkt der 1991 aufgestellte Brunnen, aus der sich, leider nur, Wasser ergießt.

Von dem reichen Mineralwasservorkommen haben wir bereits gelesen, nun soll über den Cannstatter Wein berichtet werden. Um ein »Viertele« davon zu kosten, muss man schon in eines der vielen gemütlichen Weinwirtschäftle gehen oder sich beim Rilling, bei der Cannstatter Weingärtnergenossenschaft oder beim Weingut der Stadt Stuttgart in der Sulzerrainstraße ein oder mehrere »Fläschle« für zu Hause kaufen.

Die Geschichte des Weinbaus in Bad Cannstatt begann mit der Römerzeit. Legionäre waren keine Wehrpflichtigen, sondern Berufssoldaten mit einer Art Arbeitsvertrag. Und dieser sicherte dem Legionär eine tägliche Menge Wein zu. Bei Ausgrabungen fand man viele Reste von Gefäßen, Trinkschalen und sogar Gläsern. Dass man auch Rebmesser fand, beweist, dass die Römer den Wein hierzulande auch angebaut haben. Vielleicht nicht wie heute an den Hängen des Neckars, sondern eher nach italienischer Art auf ebenen Flächen.

Im Mittelalter ist die anfangs genannte Urkunde der Schenkung Herzog Gotefrieds an das Kloster Sankt Gallen im Jahr 708 der Beweis, dass es damals um Cannstatt Weinberge gab. Damals existierte schon die Kirche Sankt Martin auf der Altenburg und über die Jahrhunderte wurde die Legende weiter getragen, dass es der Heilige Urban, der Schutzpatron der Weingärtner, persönlich gewesen sei, der dort den Cannstattern die Pflege des Rebstocks und das Keltern der Trauben beigebracht hätte.

Auf jeden Fall wurde mit der fortschreitenden Christianisierung der Weinbau in unserer Region wieder kultiviert. Viele Weinberge tragen Namen, die einen kirchlichen Bezug haben, wie Mönchberg, Mönchhalde, Stiftsberg oder Kirchenweinberg. Zwar nicht in den Cannstatter Lagen, jedoch ist auch hier nachgewiesen, dass mehrere Klöster Weinberge besaßen. Beispielsweise Bebenhausen, Zwiefalten, Konstanz und das Esslinger Katharinenkloster. Dazu kam der Weinbergbesitz der Cannstatter Edelleute, die in Burgen in und um den Ort wohnten. So standen Ende des 13. Jahrhunderts immerhin sechs herrschaftliche und einige kleinere Keltern für den Weinherbst bereit.

Neckerwein, Schleckerwein

Der Cannstatter Wein war so gut, dass er überregional bekannt war. Das beruht auf den internationalen Handelsbeziehungen

Neckerwein, Schleckerwein

über die Fernstraßen, die sich in Cannstatt kreuzten. Die Postreiter, die auf ihrem Weg zwischen Österreich, Italien und den Niederlanden durch Cannstatt kamen, rasteten hier, tranken den guten Wein und berichteten andernorts über diesen Genuss.

Auch der internationale Adel ließ es sich nicht nehmen, den Cannstatter Wein zu loben. Anna von Böhmen und Ungarn, die Gemahlin des habsburgischen Erzherzogs und späteren Kaisers Ferdinand I., der das vorübergehend österreichisch gewordene Württemberg zwischen 1522 und 1534 regierte, hielt sich häufig in Wien auf. Insbesondere, wenn sie ein Kind auf die Welt zu bringen hatte. Das sollte natürlich in der Hauptstadt geboren werden. Obwohl es auch damals in Wien genug Wein gab, ließ sie sich reichlich vom guten »Neckerwein« schicken, so dass sie »unbesorgt ins Kindbett steigen könne«. Die temperamentvolle ungarische Königstochter hat 15 Kindern das Leben geschenkt.

Der württembergische Herzog Friedrich I. soll viele »Weinverehrungen« des guten Neckarweins an den englischen Hof gesandt haben, bevor ihm Königin Elisabeth I. den ersehnten Hosenbandorden versprach. Nach ihrem Ableben im Jahr 1603 hat ihr Nachfolger, König Jakob I., das Versprechen eingelöst. Herzog Friedrich I. erkannte offenbar die Wirkmächtigkeit des Weins und war großzügig mit Weinpräsenten: Er sandte die Neckarweine auch nach Prag an Kaiser Rudolf II. und nach Stockholm an den schwedischen König.

Der dreißigjährige Krieg hat auch Cannstatt und seine Rebflächen stark getroffen. Schicksalhaft war die Schlacht bei Nördlingen im Jahr 1534, die von der protestantischen Liga, der sich Württemberg angeschlossen hatte, verloren wurde. Danach verwüsteten die marodierenden kaiserlichen Soldaten die Städte und Dörfer des Landes, quälten und töteten die Menschen und vernichteten Ernte und Vieh. In einigen Städten überlebte nur ein Drittel der Bevölkerung die Massaker, mancherorts niemand. Dies schwächte die Landwirtschaft, denn keiner bewirtschaftete die Felder und Rebflächen, sodass es auch im Weinbau lange keine guten Ernten gab.

Erst in der Barockzeit bzw. dem 18. Jahrhundert blühten Landwirtschaft und Weinbau wieder auf und viele Cannstatter Familien bezogen daraus (wieder) ihren Lebensunterhalt. Ein Pionier in der Erforschung der Verbesserung des Weinanbaus war Geheimrat Bilfinger. Er legte 1748 in Cannstatt einen Versuchsweinberg mit Reben aus allen europäischen Weingegenden an. Auf Vielfalt legte auch der Cannstatter Feldmesser und Weingartmeister Johann Michael Sommer großen Wert. In der Schwäbischen Chronik annonciert er im Jahr 1793:

»Bei mir sind wiederum von den bekannten besten Sorten ausländischer und inländischer Weinreben, die in Deutschland, der Schweiz, etc. mit Vorteil angelegt und gepflanzt werden können, zu haben. Eine gedruckte Schrift, 102 Seiten in Oktav, giebt nicht nur die Namen, die Behandlungsart und die Erfordernisse des Bodens, sondern auch die Preistabelle an und kann bei mir um 15 Kreuzer abverlangt werden.«

Im Jahr 1895 vermeldet die Oberamtsbeschreibung, dass Cannstatt der, im Verhältnis zur Fläche, stärkste Weinbaubezirk des Landes sei. 13,7 Prozent der Gemarkung bzw. 1.451 Hektar Flächen waren mit Reben bestockt.

Hinsichtlich der angebauten Rebsorten trat im Laufe der Zeit ein Wandel ein. Waren bis Anfang des 19. Jahrhundert hauptsächlich weiße Sorten im Anbau, nämlich Riesling, Sylvaner, Elbling und Clevner, setzte man am Ende des Jahrhunderts vermehrt auf Rotgewächse. Insbesondere der aus Südtirol (Vernatsch-Rebe) stammende »T(i)rollinger« brachte auf den hiesigen topografisch hoch gelegenen Weinbergen gute Erfolge. Desgleichen der »Lemberger« (Blaufränkisch), der aus Österreich ins Land gekommen war.

Wegen der in Württemberg seit jeher üblichen Realerbteilung waren die Rebflächen stark parzelliert. Sämtliche damals 5.202 Parzellen in den Cannstatter Weinbergen waren kleiner als 25 Ar (0,25 Hektar). Dieses Problem bestand jedoch in allen Weinbauorten des Landes. So kam es Ende des 19. Jahrhunderts vermehrt zur Gründung von Genossenschaften, die den Vorteil des gemein-

Neckerwein, Schleckerwein

schaftlichen Kelterns und später auch des Ausbaus in größeren Fassgebinden ermöglichten. Die Cannstatter Weinbaugenossenschaft, die sich seit 2015 »Weinfactum« nennt, entstand 1923. Genau 90 Jahre nach ihrer Gründung wurde sie von der Zeitschrift »Weinwirtschaft« zur »Besten Genossenschaft Deutschlands« gekürt.

Unter den Bad Cannstatter Einzellagen ist eine Lage besonders zu erwähnen. Sie ist überregional bekannt und sowohl weinkundlich als auch landschaftsgestalterisch bemerkenswert: »Der Cannstatter Zuckerle«. Eigentlich heißt der steile Hang, der sich östlich des Neckars entlang zieht, »Zuckerberg«. Schon die Mönche des gegenüber gelegenen Klosterhofs in Münster schwärmten im 15. Jahrhundert von den zuckersüßen Trauben, die auf dem Steilhang wuchsen. Nüchterne Menschen allerdings meinen, der Berg trägt seinen Namen nach den ausgedehnten Zuckerrübenfeldern, die früher auf dem Steinhaldenfeld wuchsen. Genaues weiß man jedoch nicht, es sei der Phantasie der Leser überlassen. Steile Hänge aus Muschelkalk wurden schon vor Jahrhunderten mit Weinbergterrassen gestaltet, teilweise beträgt die Steigung über 70 Prozent. Nur zwei, maximal drei

Hochwasser im Neckar am 28. Mai 1817.

Rebenreihen sind auf jeder Terrassenstufe gepflanzt, die Stufen sind mit Mäuerchen vor dem Abrutschen geschützt. Die Mauern heizen sich tagsüber auf und geben die Wärme bis in die Mitte der Nacht an die Reben ab, wodurch die Trauben besser reifen als in flachen Lagen. Jährlich investiert die Stadt derzeit 600.000 Euro an Zuschüssen für die Pflege und den Erhalt der Weinbergmauern.

Die Arbeit in der Steillage ist allerdings beschwerlich. Hier lassen sich keine Maschinen für den Blattschnitt oder beim Spritzen einsetzen. Das geschieht alles von Menschenhand und benötigt ungefähr die Fünffache an Zeit als in einer flacheren, flurbereinigten Lage. Auch die Lese ist oft abenteuerlich, wenn vormittags die Weinbergstäffele noch von der Nachtfeuchte rutschig sind. Hier behilft man sich zwischenzeitlich aber mit Einschienenbahnen, auf denen die Sammelgefäße mit Trauben ins Tal hinunter gebracht werden.

Die Rebflächen der Bad Cannstatter Genossenschaftsmitglieder, die des Weinguts der Stadt Stuttgart und die Rebflächen verschiedener privater Weingüter belegen mit insgesamt etwa 80 Hektar immer noch die Bedeutung von Bad Cannstatt als Weinort. Bei einer Keltermenge von etwa 60 Liter pro Ar sind das immerhin 500.000 Liter – also 2 Millionen »Viertele«.

Aus diesem Grund ist es auch nicht mehr als recht und billig, dass auf dem Cannstatter Volksfest nicht nur Bierzelte stehen, sondern dass es mit dem »Cannstatter Oberamt« auch ein Weinzelt gibt.

Der Neckar, ein »wilder Geselle«

Für Bad Cannstatt war unser württembergischer Fluss zu allen Zeiten ein wichtiger Partner. Auch wenn der »wilde Geselle« manchmal über die Ufer trat und den Wasen und gar die Stadt überschwemmte, so lebte man doch mit und von ihm.

Die Fischerei war über Jahrhunderte eine der wichtigsten Erwerbsquellen der Cannstatter und als Transportweg wurde der Neckar nicht erst seit der Fertigstellung des Schifffahrtkanals in den 1950er Jahren genutzt.

Wie bereits erwähnt, nannten die Kelten den Fluss *nikarus*, die Römer machten *neccarus* daraus und wir haben diese Form schließlich zu »Necker« und heute üblich »Neckar« gewandelt. Der Name selbst leitet sich vom indoeuropäischen *nik* ab, was soviel wie »wild« oder »stürmisch« bedeutet. Es handelt sich hier also um ein »wildes Wasser« oder einen »wilden Gesellen«.

Unser schwäbischer Fluss hat übrigens einen Namensvetter in der Schweiz. In der Nähe von Toggenburg im Kanton Sankt Gallen stürzt der »Necker« durch ein wildromantisches Tal dem Flüsschen Thur zu, das schließlich in den Bodensee mündet. Allerdings ist der Schweizer Necker mit 31,3 Kilometern Länge nur knapp ein Zehntel so lang wie sein großer Namensvetter im Schwabenland.

Unser Neckar entspringt in Schwenningen in der Landschaft der Baar, also zwischen der Schwäbischer Alb und dem Schwarzwald. Tatsächlich bilden mehrere Quellen im Schwenninger Moos seinen Ursprung. Aber schon zu Zeiten Herzog Ludwigs wollte man einen ordentlichen Ursprung für den Hauptfluss unseres Landes, den man auch besuchen kann, weshalb der Herzog im Jahr 1581 einen Stein mit der Aufschrift »Das ist des Neccars Ursprung« in Schwenningen setzen ließ. 1733 ersetzte ihn Herzog

Eberhard Ludwig durch einen neuen Quellstein, der mit dem alten württembergischen Wappen verziert war. Im Jahr 1882 war es König Wilhelm I., der aus der Quelle trank und gesagt haben soll, dass »jedes württembergische Landeskind einmal an der Neckarquelle gewesen sein sollte«.

Mit der Landesgartenschau im Jahr 2010 wurde die symbolische Quelle erneut gestaltet, in Form einer Quellwand, aus der der Neckar strömt und sich auf seinen 367 Kilometer langen Weg bis zum Rhein macht.

Auf diesem Weg nimmt er die vielen kleinen und größeren Zuflüsse aus dem Schwarzwald, von der Schwäbischen Alb, aus dem Gäu, dem Schönbuch, der Filderhochfläche und dem Schurwald auf, bevor er nach etwa 185 Kilometern schließlich Bad Cannstatt erreicht. Das ist ziemlich genau die Hälfte seines gesamten Wegs nach Mannheim, allerdings ist er dabei schon fast 500 Höhenmeter hinabgestürzt. Allein 14 Flüsschen, die jeweils länger als 20 Kilometer sind, tragen ihm Erde und Gestein zu. Der Neckar ist also ein Gebirgsfluss, dessen braune Farbe nicht von Umweltverschmutzung kündet, sondern von den Landschaften, die er entwässert.

Was die Sauberkeit bezüglich umweltschädlicher Stoffe angeht, ist der Fluss zumindest im Stuttgarter Raum über jeden Verdacht erhaben. Zwischenzeitlich ist jede Stadt, jedes Dorf und nahezu jedes Gehöft an die Kanalisation angeschlossen und die Abwässer werden geklärt, bevor sie in den Fluss oder seine Zuflüsse eingeleitet werden. Allenfalls in heißen Sommern mit wenig Niederschlägen, wenn der Fluss wenig Wasser führt, kann es zu einer höheren Keimbelastung kommen. Jedoch auch dann funktioniert die Selbstreinigungskraft des Gewässers, bei der Mikroorganismen die Verschmutzung abbauen. Unter den Wassertieren gibt es welche, die auf sauberes, sauerstoffreiches Wasser Wert legen und andere, denen der Sauerstoffgehalt nicht so wichtig ist, wohl aber verschiedene Schwebstoffe, von denen sie sich ernähren. Das erhöhte Vorhandensein der einen oder der anderen Flussbewohner gibt Hinweis über den Zustand eines Gewässers. Im Neckar findet man etwa 100 Arten wirbelloser Tiere und rund 40 Fischarten – weshalb Angler hier gute Erfolge haben. Ihr größter Konkurrent ist der Kormoran. Jeder einzelne Vogel dieser Art verzehrt im Jahr 180 Kilogramm Fisch.

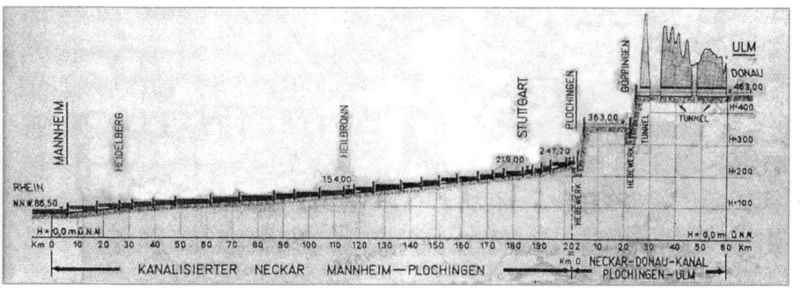

Planung Neckar-Donau-Kanal 1940.

Mit dem Schiff über und durch die Schwäbische Alb zur Donau

Mit der Eröffnung des Stuttgarter Hafens durch Bundespräsident Theodor Heuss am 31. März 1958, wurde der Neckar zur Bundeswasserstraße. Ursprünglich war sogar geplant, eine schiffbare Verbindung zwischen Rhein und Donau zu schaffen. Der Neckar sollte bis Plochingen kanalisiert werden, ebenso die Fils bis Geislingen. Zwei jeweils 100 Meter hohe Schiffshebewerke sollten einen Teil des Höhenunterschieds zur Schwäbischen Alb überwinden und zwei zwölf Kilometer lange Tunnel schließlich durch das Gebirge der Alb nach Ulm zur Donau führen. Erste Ideen zu dieser Planung gab es bereits im 19. Jahrhundert. Mit der Einweihung des Plochinger Hafens im Jahr 1968 wurde die Planung dieser Neckar-Großschifffahrtsstraße vom Rhein zur Donau allerdings aufgegeben. Der Rhein-Main-Donaukanal war damals bereits im Bau.

Für die Kanalisierung des Neckars wurde 1921 die Neckar Aktiengesellschaft gegründet. Vorstände waren der Wasserbauingenieur

Otto Konz, der die technische Durchführung des Kanalbaus leitete und der Jurist Otto Hirsch, der wegen seines jüdischen Glaubens 1933 seine Position aufgeben musste und 1941 im Konzentrationslager Mauthausen ermordet wurde. An die beiden Schöpfer des Neckarkanals erinnern die Otto-Konz- und Otto-Hirsch-Brücken im Stuttgarter Neckarhafen.

Kulturdenkmal Neckarkanal

Der Neckar fällt auf seiner etwa 200 Kilometer langen schiffbaren Strecke zwischen Plochingen und Mannheim ungefähr so viele Höhenmeter, wie das Ulmer Münster hoch ist, nämlich 161 Meter. Um diesen für eine Wasserstraße enormen Höhenunterschied zu überwinden, bedurfte es 27 Schleusenbauwerke, von denen die meisten in den 1920er Jahren nach Entwürfen des Stuttgarter Architekten Paul Bonatz erbaut wurden.

Der Neckarkanal ist heute nicht nur ein Schifffahrtsweg, sondern auch das längste Kulturdenkmal Baden-Württembergs. Das Landesamt für Denkmalschutz hat in der Denkmalbegründung die »herausragende Ingenieursleistung in der integrierten Gesamtplanung und Ausführung des dreifachen Zwecks des Neckarkanals« wie folgt gewürdigt:

»a) Ausbau eines Gebirgsflusses zur Großschifffahrtstraße
   Mannheim – Plochingen
b) Energiegewinnung durch Laufwasserkraftwerke an
   27 Staustufen
c) Hochwasserschutz für mehr als 2.000 Hektar Uferfläche

Der Neckarkanal ist eine materiale Quelle der Landesgeschichte von überragendem Rang. Er besitzt damit die Qualität eines Kulturdenkmals von besonderer Bedeutung, an dessen Erhaltung aus wissenschaftlichen, künstlerischen und heimatgeschichtlichen Gründen ein öffentliches Interesse besteht.«

Holz für Holland – Flößerei auf dem Neckar

Die Benutzung des Neckars als Transportweg begann jedoch nicht erst mit seiner Kanalisierung. Für den Holztransport wurde der Fluss schon Jahrhunderte zuvor genutzt.

Die älteste Urkunde, die sich mit der Flößerei auf dem Neckar befasst, wurde am 17. Februar 1342 in Stuttgart abgefasst. Darin einigen sich Markgraf Rudolf von Baden und Graf Ulrich von Württemberg, das Flößen auf den vier Flüssen Würm, Nagold, Enz und Neckar zu gestatten und dass auf diesen Gewässern ewig eine geöffnete Wasserstaße Bestand haben soll. Vor allem über die Enz kam das meiste Holz. Sie transportierte ja nicht nur die Stämme und das Scheitholz, das an ihren eigenen Ufern gefällt worden war. In Pforzheim münden die Würm und die Nagold in die Enz und brachten ebenso Holz aus dem Schwarzwald.

Aber auch aus den vorderösterreichischen Landen von Alb und Gäu schwommen Flöße herbei. Ziel dabei war es, den Neckar von Sulz bis Lauffen offen zu halten. Wegen der komplizierten Besitzverhältnisse größerer, kleinerer und kirchlicher Herren und Gutsbesitzer mussten diese Verträge alle paar Jahre neu angepasst werden. Immerhin waren mit den Zusagen, eine schiffbare Floßspur offenzuhalten, oft schwierige Arbeiten verbunden. Durch Hochwasser entstandene Beschädigungen mussten in Ordnung gebracht, Steine aus dem Flussbett geräumt, Sturm- und Schwemmhölzer beseitigt und Anlegestellen geschaffen bzw. in Ordnung gehalten werden.

Es wurden nicht nur lange »Holländertannen« aus dem Schwarzwald geflößt, wie man nach der Lektüre von Wilhelm Hauffs Märchen »Das kalte Herz« glauben mag. Oftmals wurde nur Scheitholz zu Wasser gebracht, das als Brennholz in die wachsenden Städte transportiert werden musste. Im Jahr 1676 wurde beispielsweise die Erms bei Bad Urach zum Flößen von Scheitholz zugerichtet und dadurch ein erheblicher Bereich der Laubwälder auf der Schwäbischen Alb erschlossen. Das Scheitholz wurde in ein Brennstoff-Magazin bei Stuttgart-Berg geschafft, das bedarfsabhängig die Stadt versorgte.

Für die Flößer galten genaue Vorschriften. Wenn diese nicht eingehalten wurden, gab es Strafen. In einem Vertrag, den der Erzherzog von Österreich, die württembergischen Grafen Eberhard V. im Barte, dessen Vetter Eberhard und der Rat der Freien Reichsstadt Esslingen am 15. Oktober 1480, schlossen, sind viele derartiger Regeln enthalten. Beispielsweise mussten die Flöße mit Leuten besetzt sein, die darauf achteten, dass Wehre oder Anlegestellen nicht beschädigt wurden. Ansonsten war zum Schadensersatz noch eine Strafe von einem Pfund Heller zu bezahlen. Dasselbe kostete es, wenn die Floßknechte des Diebstahls überführt wurden. In diesem Vertrag wurden auch die Fischereirechte geregelt. Wer beispielsweise Berblinge, Nasenfische, Aeschen, Hechte oder Karpfen fing, die kürzer als das vorgeschriebene Maß waren, musste die Fische wieder in den Fluss werfen. Wer sie behielt oder verkaufte, musste zehn Pfund Heller bezahlen und derjenige, der sie kaufte, ebenfalls.

Normalerweise dauerte die Floßzeit von Ostern bis zum Sankt Gallus-Tag am 16. Oktober. Bis dahin wurde das gefällte Holz von den Wäldern über kleine Bäche und Flüsse in die Holzlager an den großen Flüssen gebracht, die auch im Winter offen waren. Umso breiter die Flüsse waren, umso größer die Flöße. Auf dem Rhein waren sie teilweise 400 Meter lang.

Die Arbeit als Floßknecht war schwer, gefährlich und ungesund. Die mit Weiden zusammengebundenen Floßteile konnten jederzeit auseinanderbrechen oder sich in einer Kurve verkeilen. Man konnte durch gerissene und umherschnalzende Weiden erschlagen werden oder ins Wasser fallen. Oftmals steckte man ohnehin den ganzen Tag in nassen Kleidern, zumindest bis die großen Flüsse erreicht waren. Aber man war unterwegs und konnte die Welt sehen. Welcher leibeigene Bauernknecht konnte schon von sich behaupten, mal in Köln oder gar in Amsterdam gewesen zu sein?

Holz für Holland – Flößerei auf dem Neckar

Cannstatter Hafen, 1713.

Deshalb waren die aus der Ferne in die Dörfer zurückgekehrten Flößerknechte beliebte Zeitgenossen. Sie hatten etwas erlebt und konnten allerhand Geschichten erzählen. Und bei jedem Glas, das man ihnen spendierte, wurden ihre Geschichten abenteuerlicher. Auch die Dorfschönen waren den Flößern nicht abhold. Waren sie doch nicht so langweilig wie der Bursche vom Nachbarhof, der immer nur von seinen Kühen erzählen konnte. Außerdem hatten die Flößer allerhand Tand mitgebracht, den sie von ihrem Lohn erworben hatten. Jedenfalls davon, was sie nicht in den Spelunken und bei den Huren der großen Städte liegengelassen hatten.

In der Mitte des 19. Jahrhunderts fuhren immer weniger Flöße neckarabwärts. Man hatte mit dem Holz Raubbau getrieben, teilweise sahen die Wälder aus wie Heidelandschaften. Außerdem wurden die Transportaufgaben mehr und mehr von der Eisenbahn übernommen. Die Schienenstrecken wurden schon aus topografischen Gründen oftmals entlang der Flüsse verlegt, hinzukommend lebten in diesen Bereichen die meisten Menschen. Zumindest für Tübingen wird behauptet, dass am 26. Oktober 1899 das letzte Neckarfloß die malerische Stadt durchquerte.

Cannstatt wird Hafenstadt

Der Beschreibung des Oberamts Cannstatt im Jahr 1895 kann man entnehmen, dass die Neckarschifffahrt im Jahr 1713 offiziell begann. Kaiser Karl V. hatte dem württembergischen Herzog Christoph bereits im Jahr 1553 »die Freyheit, den Neckarfluß, so weit solcher durch sein Fürstenthum fließe, und er auch sonst solches nützlich befinde, zu öffnen, schiffreich und gängig zu machen etc.« erteilt. Bei der Freien Reichsstadt Heilbronn befanden sich jedoch Hindernisse im Fluss, die von dort auch gegen versprochene 10.000 Gulden nicht beseitigt wurden. Herzog Friedrich I. ließ später durch den »schwäbischen Leonardo da Vinci« Heinrich Schickhardt einen Plan fertigen, der eine Schiffbarmachung des Neckars ermöglichen sollte. Dies hätte er vermutlich tatsächlich getan, aber durch die fürchterlichen Kriege des 17. Jahrhunderts war die Umsetzung jedoch völlig unmöglich.

Erst unter der Regierung von Herzog Eberhard Ludwig wurde das Unternehmen erneut in Angriff genommen. 2.000 Cannstatter leisteten dabei Frondienste und stifteten Holz. Im Jahr 1713 »wurde die Schifffahrt zu Cannstatt mit vielen Solennitäten (Feierlichkeiten) auf- und eingerichtet«. Sogar eine eigene Schifferinnung wurde gegründet und jede Woche machten sich ein, zwei Schiffe auf die viertägige Reise nach Heilbronn. Schließlich ließ die Herzogliche Kammerverwaltung im Jahr 1743 einen Kran und ein Lagerhaus erbauen, die später mit »Nutzen und Lasten« an die Stadt übergingen. Die Stadt betätigte sich daraufhin als Monopolist und betrieb die Spedition zu Wasser und zu Lande bis zur Privatisierung im Jahr 1818. Die Anlage stand gleich hinter dem Brückentor, dort, wo sich heute der Biergarten am Neckar befindet.

Die Transporte neckaraufwärts waren schwierig, mussten doch die Kähne mit Manneskraft oder Treidelpferden auf dem Uferweg gezogen werden. So betrug die Transportlast neckarabwärts oft das Zehnfache der neckaraufwärts verschifften Last. Ende des 19. Jahrhunderts waren Kähne im Einsatz, die etwa 19 Meter lang und knapp drei Meter breit waren. Sie hatten sogar eine beheizbare Kajüte und ein Verdeck. 600 Zentner Fracht konnten sie transportieren. Wenn das nicht ausreichte, hängte man noch einen drei Meter langen Nachen dran.

König Wilhelm I., dem sehr an dem Ausbau von Transportwegen gelegen war, ließ zwischen Cannstatt und Heilbronn Schleusen einbauen, um mehr transportieren zu können. Allerdings ließ er auch die Bahnlinie nach Heilbronn bauen und schuf damit den Frachtschiffen große Konkurrenz. Aufgrund der Konkurrenz endete 1878 schließlich Cannstatts Zeit als Hafenstadt.

Transport- und Erlebnisfluss Neckar

Heute fahren etwa 1.700 Frachtschiffe im Jahr durch die Bad Cannstatter Schleuse zu den Häfen von Stuttgart und Plochingen und zurück. Die Schiffe dürfen nicht länger als 105 Meter und nicht breiter als 10,25 Meter sein, um in die Schleusen zu passen. Auf ihrer Neckarreise transportieren sie rund eineinhalb Millionen Tonnen Fracht und etwa 22.000 Container. Derzeit ist im Zusammenhang mit der notwendigen Sanierung der Ausbau der Schleusen für 135 Meter lange Schiffe geplant. Diese Großschiffe könnten 40 Prozent mehr Ladung transportieren, verbrauchen jedoch nur 10 Prozent mehr Treibstoff. Aktuell ist der Schleusenausbau nur auf der stark befahrenen Strecke zwischen Heilbronn und Mannheim vorgesehen.

Der Neckar ist aber auch ein Erlebnisfluss. Dafür sorgen die Ausflugsschiffe von »Neckar-Käpt'n« Wolfgang Thie. Mit seinem Partyfloß lässt er den Neckar wieder als Flößerfluss aufleben. Außerdem fahren auf dem Neckar viele kleine Motorjachten privater Besitzer und natürlich die Boote der Wasserschutzpolizei und der Hafenverwaltung. Die »MS Stuttgart« der Hafenverwaltung dient auch als Löschboot der Stuttgarter Feuerwehr.

Ein besonders exklusives Erlebnis ist eine Flusskreuzfahrt auf dem Neckar ab oder nach Stuttgart. Neben dem Cannstatter Wasen liegt die Schiffsanlegestelle für Flusskreuzfahrtschiffe. Sie soll in den nächsten Jahren neu gestaltet und aufgewertet werden, damit sich noch mehr Flussreisende für eine Fahrt nach Stuttgart entscheiden. Bislang ist es das Vier-Sterne-plus-Schiff »MS Casanova«, das regelmäßig Kreuzfahrer nach Stuttgart bringt.

Entlang des Cannstatter Wasens kann man aber auch sehen, auf welche Weise man sich bei Luxusreisen oder durch Bier, Göckele und Hax'n sowie auf dem Volksfest angefutterte Pfunde wieder abtrainieren kann. Zwischen der Cannstatter und der Untertürkheimer Schleuse sind nämlich die Sportler der Stuttgarter Rudergesellschaft von 1899 e. V. unterwegs. Vielleicht kann der Zuschauer sogar einen Weltmeister oder eine Deutsche Meisterin beim Rudern bestaunen, zumal die Neckarruderer mehrere dieser begehrten Titel gewonnen haben.

Ruderer vor dem Wasen

Freud und Leid zu Beginn des 19. Jahrhunderts

Man kann sich heute kaum vorstellen, welchen Entbehrungen und welchem Leid die Bevölkerung unserer Region in historischen Zeiten machtlos ausgesetzt war.

Ausstellungen über jene Zeiten zeigen meist nur das Leben und die Lebensart des Adels, des Klerus und der reichen Bürgerschaft. Sie zeigen Kleider, Schmuck, Möbel und edle Gefäße, berichten über die Pracht von Bauten, von künstlerischen Errungenschaften und von gewonnenen Kriegen. Von der Mehrheit der Menschen in den Zeiten und ihren Leiden, insbesondere der Landbevölkerung, zeigen sie oft nur wenig..

Mit Beginn der Koalitionskriege in der Nachfolgezeit der französischen Revolution endete in Württemberg ein relativ langer friedlicher Zeitraum. Der letzte große Konflikt, in dem Württemberger kämpften, war der Siebenjährige Krieg. Hier kam beispielsweise Johann Caspar Schiller zum Einsatz, der in Schlesien von der Geburt seines Sohnes Friedrich am 9. November 1759 erfuhr. Landsknechte anderer Herren zogen auf ihrem Weg zu den Kriegsschauplätzen durch das Land – und sie benahmen sich nicht immer höflich, wenn es galt, Quartier und Verpflegung zu besorgen. Mit Kriegsende 1763 wurde es ruhig im Land und Landesvater Karl Eugen regierte in seinem letzten Lebensdrittel auf besonnene Art. Soweit man das von einem feudalen Herrscher überhaupt sagen kann.

Nach dem Tod Karl Eugens am 24. Oktober 1793 regierten seine beiden Brüder Ludwig Eugen und Friedrich Eugen jeweils rund zwei Jahre bis zu deren Tod. Am 23. Dezember 1797 wurde Friedrich II., Sohn Friedrich Eugens, Herzog von Württemberg.

Friedrich II. hatte eine militärische Karriere zunächst in preußischen, dann in russischen Diensten absolviert und war in einer unglücklichen Ehe mit der zehn Jahre jüngeren Auguste Karoline von Braunschweig-Wolffenbüttel gebunden, die 1788 mit deren Tod endete. Er war ein starker, selbstbewusster und aufbrausender Machtmensch mit einem guten politischen Instinkt. Als er ahnte, dass er Herzog von Württemberg werden könnte, zog er nach Ludwigsburg, der herzoglichen Residenz und damit Zentrum der Macht, und wartete, bis seine Stunde gekommen war.

»Der große König von Schwaben«

Diese Bezeichnung hatte sich Friedrich für die Huldigungen an den neuen König – also sich selbst – ausgedacht. Der selbst- und machtbewusste Fürst hatte nicht nur innerliche Stärke, er war auch stark gebaut, was mit den Jahren immer anschaulicher wurde. Napoleon Bonaparte, selbst etwa 1,68 Meter groß und somit, entgegen dem Mythos, von damals durchschnittlicher Größe, soll sehr erstaunt gewesen sein, als er im Oktober 1805 das erste Mal Friedrich begegnete, der über zwei Meter maß und eine gewaltige Leibesfülle aufwies. Dass Napoleon dabei seinem Erstaunen über die Dehnungsfähigkeit der menschlichen Haut Ausdruck gab, wird oft behauptet, ist jedoch nicht zu belegen. Ebenso wenig wie Friedrichs Konter, dass er sich wundere, wie viel Gift in so einen kleinen Kopf hineinpasse. Auch dem österreichischen Kaiser Franz I. ist die Leibesfülle des Schwabenkönigs nicht entgangen: Während des Wiener Kongress 1814 soll er Friedrich im vertraulichen Kreis auf 537 Pfund, also ca. 268 Kilo, taxiert haben.

Bei einem Besuch in Stuttgart machte Napoleon dem Friedrich ein Angebot, das er nicht abschlagen konnte: Eine Allianz im Zuge der Koalitionskriege. Württemberg lieferte Soldaten, Friedrich gab seine einzige Tochter, Katharina, Jérôme Bonaparte, dem leichtfertigen Bruder Napoleons, zur Frau. Der Lohn:

Die Königswürde und ein Teil des Gebietes Vorderösterreichs. Kurfürst Friedrich wurde König Friedrich I., »von Napoleons Gnaden«.

Bereits vor der Proklamation wuchs Württemberg beträchtlich an. Durch die Regelungen des Reichsdeputationshauptschlusses, dem letzten großen Gesetz des danach aufgelösten Heiligen Römischen Reichs deutscher Nation, im Jahr 1803 wurden Länder entschädigt, die ihre linkrheinischen Gebiete an Frankreich verloren haben, u. a. Baden, Bayern und Württemberg. Mit der Mediatisierung wurden Kleinststaaten, beispielsweise der Reichsritterschaft, und die Reichsstädte aufgelöst und den Ländern zugefügt. Mit der Säkularisierung wurde kirchlicher Besitz verstaatlicht. Aus mehreren hundert kleinen Ländern wurden letztendlich etwa dreißig Staaten. Württemberg bekam neun Reichsstädte: Aalen, Esslingen, Giengen, Heilbronn, Reutlingen, Rottweil, Schwäbisch Gmünd, Schwäbisch Hall sowie Weil der Stadt. Desgleichen 50 kleine Reichsrittertümer und u.a. der ganze Klosterbesitz des Oberlandes. Um 1806 kamen noch weitere Gebiete Oberschwabens hinzu, so auch Hohenlohe. Das Königreich Württemberg hatte so bis Mitte 1806 seine Fläche in etwa verdoppelt, die Einwohnerzahl wuchs um etwa 485.000 Menschen.

»Einverleibt und requiriert« ...

... lautete die Überschrift über die Inbesitznahme von Hohenlohe. Friedrich ließ die neuen Landsleute spüren, wer ihr neuer Herr war. Wer sich der neuen Herrschaft nicht unterwarf oder gar Opposition betrieb, wurde zur »Disziplinierung« auf den Hohenasperg gebracht.

Insbesondere bei den ehemals vorderösterreichischen Gebieten des schwäbischen Oberlands wurde dem mächtigen Landesherrn jedoch Toleranz abverlangt. Und zwar wegen der zumeist katholischen Glaubensangehörigkeit der Bewohner. So erließ er als neuer König von Württemberg am 15. Oktober 1806 das Religionsedikt, in dem die katholische Religion der evangelischen gleichgestellt wurde.

Tausende junger württembergischer Männer zogen in die napoleonischen Kriege. Nur wenige kamen wieder in die Heimat zurück: In den Zweiten Koalitionskrieg 1805 zogen 10.000 Württemberger, 1812 marschierten 15.800 Soldaten des Schwabenkönigs mit Napoleon nach Russland – 2.400 davon erreichten Moskau, etwa 500 kamen lebend in ihre Heimat zurück. Als das Blatt sich für Napoleon nach der Völkerschlacht bei Leipzig 1813 wendete, wechselte Württemberg die Seite zu den bisherigen Feinden. Friedrich I. schickte 12.000 Soldaten zu den neuen Verbündeten, im Jahr darauf nochmals die gleiche Anzahl.

Die Rekrutierung neuer Soldaten lief demnach auf Hochtouren. Nur ist davon auszugehen, dass sich nur wenige freiwillig zur Armee gemeldet haben. Die »Anwerbung« von Soldaten für die eingegangenen Kriegsverpflichtungen war keinesfalls zimperlich. Um auf die vorgegebenen Mannschaftszahlen zu kommen, wurden sämtliche herumziehenden Leute mit Ausnahme ausgewiesener wandernder Handwerksburschen, zur Armee verpflichtet. Und damit auch alle Bettler, es sei denn, sie hatten extreme körperliche Gebrechen. Zudem wurde die körperliche Mindestgröße der Rekruten von anfangs 1,69 Meter auf 1,63 Meter heruntergesetzt, sowie die Altersgrenze auf 40 Jahre heraufgesetzt. In den Dörfern und Städten wurden junge Männer betrunken gemacht, man versprach ihnen alles Mögliche und nötigte sie zur Unterschrift. Wieder nüchtern, wollten manche desertieren, doch allein der Versuch wurde drakonisch bestraft. Im Jahr 1806 führte König Friedrich I. schließlich die allgemeine Wehrpflicht ein. Er organisierte das Militär als Bestandteil seines Staatswesens neu. Daraus resultierte, dass Veteranen im Staatsdienst versorgt wurden – eine Verpflichtung, die teilweise nur nachlässig eingehalten wurde.

Allerdings war allein der Hunger für manche ein Grund, sich anwerben zu lassen. Denn der Landwirtschaft fehlten nicht nur die Söhne, sondern durch die Erhöhung der Altersgrenze auch die Väter, Betriebe lagen brach. Wo nicht gesät wurde, konnte nicht geerntet werden, wo die Kühe für das Militär requiriert oder geschlachtet worden waren, gab es keine Kälber und keine Milch. Lebensmittel wurden so nicht nur auf dem Land, sondern insbesondere in den Städten teuer, Hunger machte sich breit. Die Landbevölkerung konnte sich ihrem Schicksal nicht entziehen. Mit der herrschenden Leibeigenschaft bestand Ortspflicht. Aber auch die Städter hatten kaum Mittel oder Möglichkeiten, in andere Länder auszuwandern. Trotzdem bemühten sich immer mehr um die Genehmigung einer Auswanderung, bis König Friedrich I. im Jahr 1809 ein generelles Auswanderungsverbot erließ.

Ausländische Truppen aber wanderten durchs Land und wollten verpflegt werden, was die Lage nicht gerade entspannte. Insbesondere Cannstatt war wegen seiner Brücke über den Neckar davon betroffen. Im Jahr 1812 zog ein großer Teil des französischen Heeres auf seinem Weg nach Russland durch Cannstatt, im Frühjahr 1813 ein weiteres. Im Dezember 1813 lagerte das – mittlerweile siegreiche – russische Heer mit einem riesigen Tross in und um die Stadt, Kirchen, wie beispielsweise jene in Rotenberg oder die Veitskapelle in Mühlhausen, wurden zu Pferdeställen umfunktioniert. Im Mai und Juni 1814 nahmen die Österreicher, denen sich Württemberg zwischenzeitlich angeschlossen hatte, mit vielen Hundert Soldaten Quartier in Cannstatt.

Die Bevölkerung Württembergs litt jahrelang unter den Kriegszuständen und ihren Folgen mit schlechter Versorgung und leeren Scheunen und Kellern. Umso verheerender wirkte sich daher die direkt dieser Zeit folgende Klimakatastrophe 1816 aus.

1816 – Das »Jahr ohne Sommer«

Wer hätte es für möglich gehalten, dass ein Vulkanausbruch im fernen Indonesien die Ursache für eine Klimakatastrophe, verbunden mit verheerenden Hungersnöten in Europa sein kann?

Am Abend des 5. April 1815 kam es zu einem ersten Ausbruch des Vulkans Tambora auf der indonesischen Insel Sumbawa. Explosionsgeräusche waren sogar im rund 1.200 Kilometer entfernten Jakarta zu hören. Unwissend über den Ursprung der Explosionen, ließ der Gouverneur von Java und spätere Gründer von Singapur, Sir Thomas Stamford Raffles, sofort Fragebogen an die anderen britischen Regierungsvertreter in Indonesien verteilen, um der Sache auf den Grund zu gehen.

Dem ersten Ausbruch folgte ein zweiter drei Tage später, bei dem der Gipfel des Vulkans explodierte und 150 Kubikkilometer Magma, Gestein und Asche ausgestoßen wurden. Der Berg war danach 1.200 Meter kleiner und ein 1.100 Meter tiefer Krater von sechs Kilometern Durchmesser war entstanden. Vor wenigen Jahren wurde ausgerechnet, dass die Explosion der Sprengkraft von etwa 170.000 Atombomben entsprach. Um sich die schiere Masse des Auswurfs vorstellen zu können, hilft ein Vergleich mit den größeren Vulkanausbrüchen der letzten Jahrzehnte: Der Ausbruch des Mount St. Helens in den USA im Mai 1980 hatte einen Auswurf von etwa 1,2 Kubikkilometern Magma, Gestein und Asche. Der Vulkan Pinatubo auf den Philippinen brachte im Juni 1991 etwa 10 Kubikkilometer Material in die Atmosphäre.
Die Ascheschicht auf der Insel Sumbawa war etwa eineinhalb Meter dick, noch in 900 Kilometer Entfernung war ein Ascheniederschlag von einem Zentimeter zu verzeichnen. Etwa 12.000 Menschen kamen direkt beim Ausbruch ums Leben, Hunderttausende durch die Folgen der Katastrophe. Nahezu überall in Indonesien war das Wasser vergiftet, die Reisernte vernichtet, die Tiere starben und Seuchen breiteten sich aus.

Die Lage des Vulkans in der Nähe des Äquators machte es

möglich, dass die ausgestoßene Asche und die Gase in größere Höhen gelangen konnten und so in die globalen Windströmungen einbezogen wurden. Auf diese Weise kamen insbesondere die Sulfat-Aerosole, die sich aus den ausgestoßenen Schwefelgasen bildeten, in die nordwestliche Hemisphäre und damit nach Europa. Die Aerosolschicht wirkt wie ein Spiegel und wirft das Sonnenlicht teilweise in die Stratosphäre zurück, die sich daraufhin erwärmt. Im Gegenzug kühlt sich darunter die Troposphäre, also der Lebensraum auf der Erde, ab. Dieser Effekt wird dadurch noch verstärkt, dass die Aerosole die Bildung hoher Wolken unterstützen, was ebenfalls die Lichtdurchlässigkeit verringert und die Abkühlung der Erdoberfläche verstärkt.

In Europa und Nordamerika führte jene Abkühlung zu katastrophalen Klimaverhältnissen. Durch die Kälte wurde die Wachstumszeit der Pflanzen enorm verkürzt. Schon dadurch war eine befriedigende Ernte ausgeschlossen. Dazu kamen ausgedehnte Regenfälle, die monatelang besonders auf Mitteleuropa niedergingen. Graupel- und Schneeschauer gab es sogar im Flachland bis in den Juli. Wenn man zeitgenössischen Berichten vertraut, soll sich sogar im August Eis auf dem Boden gebildet haben. Das Frühjahr 1816 ging also direkt in den Herbst über – das »Jahr ohne Sommer« ging als Bezeichnung in die Geschichte ein.

Die starken Regenfälle ließen die Flüsse über ihre Ufer treten, wertvolles Ackerland wurde überschwemmt. Dort, wo keine Flüsse waren, vernichtete der ständige Regen die magere Ernte. Im Jahr darauf sorgte die Schneeschmelze der durch die ständigen Niederschläge entstandenen Schneemassen nochmals für Überschwemmungen und Missernten. Es gab nahezu keine Ernte von Getreide, Kartoffeln oder Hülsenfrüchten. Das fehlende Heu führte zum Verhungern der Tiere und die Menschen wurden krank. Cholera- und Typhusepidemien rafften Tausende dahin.

Schon in den Jahren vor der Katastrophe war die Landwirtschaft, wie zuvor beschrieben, durch die Napoleonischen Kriege arg gebeutelt, die nun entstandene Not ging jedoch an die

Grenzen des Vorstellbaren. In der Folge der Missernten stiegen die Preise für Grundnahrungsmittel enorm an. Auf den Feldern und in den Ställen gab es keine Arbeit mehr, Bauern entließen Mägde und Knechte. Auch Handwerker bekamen keine Aufträge mehr und entließen ihre Gehilfen. Das führte zu einer Schar Obdachloser und Bettler, die auf den Straßen unterwegs waren. Selbst das Bürgertum verschuldete sich und verarmte zusehends. Im Mai 1817 betrug der Anteil der Armen unter der Bevölkerung 80 Prozent.

Erschwerend wirkte, dass durch die Verstaatlichung der kirchlichen Einrichtungen (Säkularisierung im Zuge Napoleonischer Herrschaft) nach dem Jahr 1803 auch die kirchlichen Fürsorgeinstitute nicht mehr bestanden. Die jahrhundertelang bewährten Hilfseinrichtungen waren damit weggebrochen und bis dato nicht durch neue Fürsorgemodelle ersetzt worden. Der Tübinger Professor Christian Reinhold Köstlich schrieb: »Da saßen die Armen frierend und haschten nach Kleie und Mehlstaub, um das elende Leben von einem Tag auf den anderen hinzuschleppen«. Das Königlich-Württembergische Oberamt Cannstatt machte im Amtsblatt die Empfehlung bekannt, »dem Meel-Teig gemahlene Wurzeln und Rübensirup zuzusetzen, was ein gutes und schmackhaftes Brod« ergebe.

Wer immer die Möglichkeit hatte, versuchte der Situation zu entkommen und nahm die Strapazen einer Auswanderung in eine ebenso ungewisse, jedoch von Hoffnungen geprägte Zukunft auf sich. Wer Grundbesitz hatte, versuchte ihn zu verkaufen. Teilweise subventionierten Dörfer sogar die Auswanderung, um ein paar hungrige Mäuler weniger über die Runden bringen zu müssen. Unter dem Druck der vielen Auswanderwilligen, hob die Staatsverwaltung das seit 1809 bestehende Auswanderungsverbot auf.

Wesentliche Erkenntnisse über die Situation im damaligen Württemberg liefern die Erhebungen des jungen Friedrich List, der als Beamter des Finanzministeriums Befragungen unter den

1816 – Das »Jahr ohne Sommer«

Auswanderern durchführte. Die Regierung wollte Gegenmaßnahmen für die enorm gestiegenen Auswandererzahlen und den damit verbundenen Bevölkerungsverlust einleiten und benötigte dafür Informationen. Bei seiner Umfrage trat jedoch bei vielen nicht nur die existenzbedrohende Situation in der Folge der Klimakatastrophe als Auswanderungsgrund zutage, sondern auch das schlechte Verhältnis der Bevölkerung zur Obrigkeit: »Wenn ich die Resultate dieser Untersuchung in einem Blick zusammenfasse und dabei die Gemütsstimmung der Auswanderer berücksichtige, so finde ich als Grundursache der Auswanderung: Übelbehagen, das heißt Druck, Mangel an Freiheit in ihren bisherigen Verhältnissen als Staats- und Gemeindebürger«. Beklagt wurden zuvorderst die unerschwinglichen Steuern und Abgaben, an zweiter Stelle Schikanen durch Amtspersonen, gefolgt von überhöhten Schreibergebühren, sowie Missstände im Gerichtswesen, die Bedrückung durch Jagd- und Wildschäden und die Bedrängnis durch Gutsherrschaften. Erst danach folgten Ursachen wie Misswuchs, Teuerung, Arbeitslosigkeit oder religiöse Gründe.

Das Wunschziel der württembergischen Auswanderer – 1816 und 1817 waren es insgesamt rund 17.000 Personen – war nicht unbedingt Amerika. Hier spielten eher die verwandtschaftlichen Verhältnisse des Königshauses zu Russland eine Rolle. Der Ausbruch des Vulkans Tambora hatte auf Russland nur geringe Auswirkungen gehabt und Zar Alexander I., ein Bruder von Königin Katharina, lockte die gebeutelten Württemberger mit kostenlosem Land in Südrussland, Steuerfreiheit und anderen Vergünstigungen in sein Land.

Tausende fuhren auf Ulmer Schachteln die Donau hinab bis zur Stadt Ismail, kurz vor der Mündung ins Schwarze Meer. Die Flussreise war allerdings keine vergnügliche Unternehmung. Auf vielen Schiffen breiteten sich Krankheiten aus und die Reisenden mussten sich in Ismail zunächst in Quarantäne begeben. Im Lager wurden die Krankheiten jedoch nicht behandelt und wüteten erst recht. Viele mussten schon dort ihr Leben lassen. Über schlechte Wege ging es weiter nach Odessa. Endlich kam die Unterstützung der russischen Regierung und man konnte sich Pferde und Wagen für die Weiterreise besorgen. So drangen die Einwanderer bis in den Südkaukasus durch und wurden auf verschiedene Siedlungskolonien verteilt. Die dort lebende Bevölkerung war muslimischen Glaubens und verhältnismäßig rückständig, die Landschaft bergig und wild. Bären und Wölfe streiften durchs Land. Der Boden jedoch war sehr fruchtbar und die Auswanderer fleißig. So kam es bald zu landwirtschaftlichen Erfolgen und zu schönen Dörfern mit zufriedenen Einwohnern, die ihre heimatliche Kultur behielten und pflegten.

Andere wanderten durch die deutschen Lande nach Hamburg und machten sich auf die gefährliche Schiffsreise über den Atlantik nach Amerika. Die große, aus allen Ecken der Welt einströmende Migrationswelle führte dort wiederum zu einer verstärkten Wanderung von der Ostküste ins Innere der Vereinigten Staaten, die sich nahezu jedes Jahr um einen Bundesstaat vergrößerten. Ehemals durch Indianer besiedeltes Land wurde annektiert und besiedelt.

Doch was geschah derzeit im Königreich Württemberg? König Wilhelm I. – Friedrich I. verstarb am 30. Oktober 1816 – und seine Gemahlin Königin Katharina waren sehr daran interessiert, ihr Land und seine Bevölkerung wieder zu wirtschaftlichem Wohlstand und zu lebenswerten Verhältnissen zu bringen. Zunächst wurden Maßnahmen ergriffen, die Teuerung zu bekämpfen. Ein öffentliches Wohlfahrtswesen wurde aufgebaut. Dazu gehörte eine Armenstiftung, die aus der königlichen Domänenkasse unterstützt wurde, genauso wie die Einrichtung von Armen- und Webschulen, um Kinder vor der Verwahrlosung zu bewahren. Mit der Gründung der Landessparkasse wurde eine Einrichtung geschaffen, in der Angehörige aller Stände Zinsen für ihr Geld bekamen und so für die Zukunft vorsorgen konnten. Kleinere, aus der Armut heraus begangene Sträflichkeiten wurden amnestiert, wie beispielsweise der Holzdiebstahl aus den Landeswäldern. Der von Friedrich I. angelegte Tierpark wurde abgeschafft; konnte es doch nicht angehen, dass die Exoten mit Fleisch und Brot gefüttert wurden, während die Leute auf der Straße verhungerten.

Am 30. Juni 1817 schuf das Königspaar mit der Einrichtung der »Centralstelle des Landwirthschaftlichen Vereins« die Grundlagen dafür, Landwirtschaft künftig besser und ertragreicher zu betreiben. Nach dem schlimmen Hungerjahr wurde im Sommer 1817 wieder eine üppige Ernte eingefahren. Im Jahr darauf gründeten König Wilhelm I. und Königin Katharina die Landwirtschaftliche Unterrichts, Versuchs- und Musteranstalt am Schloss Hohenheim. Hier sollten Methoden erforscht werden, die Landwirtschaft witterungsunabhängiger zu machen sowie regelmäßige gute Ernten zu begünstigen. Die landwirtschaftliche Bevölkerung sollte in modernen Methoden ausgebildet werden, auch im überregionalen Austausch. Die im Jahr 1847 zur Landwirtschaftlichen Akademie erhobene Einrichtung wurde zur Grundlage der heutigen Universität Hohenheim.

Die Lage entspannte sich nochmals deutlich, als es im Jahr 1818 ebenfalls eine gute Ernte gab. Zum Dank dafür wurde am Tag nach König Wilhelms 37. Geburtstag, am 28. September, das Cannstatter Volksfest gefeiert. Es hätte jedoch nicht dem pragmatisch eingestellten König entsprochen, wenn dort nur gefeiert worden wäre. Das Volksfest wurde mit einem Landwirtschaftlichen Hauptfest verbunden, bei dem die neuesten Methoden und Techniken der Landwirtschaft und der Viehzucht gezeigt und prämiert wurden.

Der Cannstatter Wasen

Vielleicht haben Sie schon etwas vom »Wasenhasi« gehört oder besitzen gar eines in Form eines Stofftiers oder T-Shirt-Aufdrucks. Es ist die Symbolfigur des Cannstatter Volksfests und hängt mit dem nachstehend abgedruckten Wasenlied zusammen. Wenn man Glück hat, sieht man sogar heute noch einen der drolligen Langohren über den Wasen hoppeln.

Wasenlied

Im Jahr 1905 wurde erstmals das Wasenlied eines unbekannten Verfassers im Liederbuch des Schwäbischen Albvereins abgedruckt, es ist aber anzunehmen, dass es viel älter ist:

Aufm Wasa graset d Hasa

Aus Schwaben
Satz: Theodor Salzmann, 1854-1928

Wasenlied

1. Auf'm Wasa graset d' Hasa
Und im Wasser gambel d' Fisch,
||: Lieber will i gar koi Schätzle,
   Als no so en Flederwisch. :||

2. Muetter, muscht mer, schlah me s' Blechle,
Türleshosa macha lau',
||: Daß i au so Türleshosa
   Wie der Herr Provisor hau'. :||

3. Gang mer weg mit Sametschühla,
Gang mer weg mit Bändela
||: Bauramädla send mer liaber,
   Als so Kaffeebembela. :||

4. Wo'n i hau' no kratzt und bissa,
Hot mi wölla koina küssa;
||: Seit i nimme kratz und beiß,
   Krieg i Küssla dutzendweis. :||

5. Kleine Kügela muß mer gießa,
Wenn ma Vögela schießa will;
||: Schöne Mädla muß mer lieba,
   Wenn mer schöne Weiber will. :||

6. Wo'n i hau' mei Schätzle gnomma,
Hot mei Muetter grausig tau',
||: Hot mi bei de Aura gnomma,
   D' Stiega abe fliege lau! :||

7. Sag du no zu meiner Schwieger,
Sui soll mi passiera lau',
||: I werd' schau' mei Schatz versorga,
   Sell werd sui en Dreck a gau! :||

8. Hinter meiner Schwiegermuetter
Ihrem graußa Himmelbett
||: Stot a ganzer Sack voll Sechser,
   Wen i no die Sechser hätt! :||

9. Hinter meinem Schwiegervatter
Seinem graußa Sekretär
||: Stoht a dicker Oichaknippel
   Wenn den no der Deifel hätt! :||

10. Auf der Maura Laura Baura,
Pfeife wia die Haselmäus.
||: Laßt das Laura, ihr Saubaura,
   Machet mir jo do nix weis! :||

Wasen, Werder, Anger, Au

Das Wort Wasen hat sich aus dem althochdeutschen »waso« entwickelt. So bezeichnete man ein feuchtes Ödland, also auch Überschwemmungsgebiete von Flüssen. Andere Worte lauten Anger, Matte, Aue, Wiese oder (im Norddeutschen) Werder.

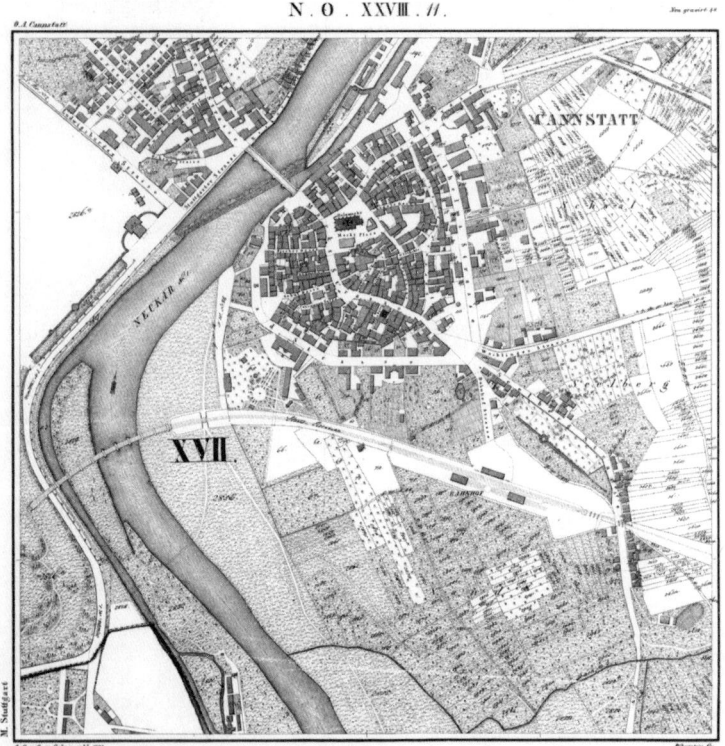

Cannstatt mit Neckar und Wasen 1822.

Tatsächlich war der Cannstatter Wasen das Überschwemmungsgebiet des Neckars, der schließlich erst in den 1920er Jahren für die Schifffahrt kanalisiert wurde. Viele Zuflüsse aus dem Schwarzwald und von den Höhen der Schwäbischen Alb brachten nach Schneeschmelze oder starken Regenfällen enorme Wassermengen, die die Uferwiesen überschwemmten.

Wasen, Werder, Anger, Au   87

Die im Jahr 1895 veröffentlichte Beschreibung des Oberamts Cannstatt verzeichnet als stärkstes Hochwasser der vom damaligen Zeitpunkt aus gesehen »letzten drei Jahrhunderte« die Flut vom 29. und 30. Oktober 1824, als der Neckar 6,26 Meter über dem Normalpegel lag. Dabei wurden nicht nur der Cannstatter Wasen, sondern die gesamte Innenstadt überflutet. Brücken wurden weggerissen und entwurzelte Bäume vom Fluss fortgeschwemmt.

1824 gab es das Cannstatter Volksfest bereits ein paar Jahre und bis zum Überflutungsereignis war es längst wieder beendet. Trotzdem war eine »ungestörte« Nutzung des Wasens als Festwiese, Flugplatz, Militär- und Sportgelände erst nach der Kanalisierung des Neckars hundert Jahre später möglich.

In strengen Wintern kam es manchmal zu spektakulären Eisgängen. So tummelten sich im Februar 1880 Schlittschuhläufer auf dem zugefrorenen Neckar, ein Zimmermann baute ein Fachwerkhaus und ein Hufschmid beschlug Pferde auf dem Eis. In den Wintern 1929, 1941 und 1956 kam es ebenfalls zu Eismassen auf dem Neckar und entsprechend vergnüglichen Spaziergängen der Bevölkerung auf dem Fluss. Das letzte Mal fror der Neckar im Jahr 1963 gänzlich zu. Damit konnten die Kohleschiffe das wertvolle

Gefrorener Neckar 1880.

Brennmaterial nicht zum Bad Cannstatter Hafen bringen, Gütersonderzüge halfen aus.

Im Jahr 1501 wurde erstmals die Bewässerung des Wasens urkundlich erwähnt. Um die Grasflächen öfter mähen zu können, wollte man möglichst eine ständige Feuchtigkeitsdüngung. Wenn längere Zeit kein Hochwasser den Wasen überschwemmt hatte, musste das auf künstliche Weise geschehen. Also zog man Gräben in den Wasen, in die Neckarwasser floss. Den Rückfluss verhinderte man durch Stellfallen. Außer der Nutzung der düngenden Stoffe im Wasser wollte man durch Ausgleich der Bodentemperatur Frost vermeiden. Zudem wurde allerhand Ungeziefer wie Engerlinge, Maulwürfe oder Mäuse abgetötet, was dem Graswachstum zugutekam. Diese Wasenbewässerung war in Cannstatt noch bis zum Anfang des 19. Jahrhunderts üblich.

Vom »Seilerwasen« zum »Trommlerwasen«

Neben seiner jahrhundertealten Funktion als Überschwemmungsfläche, diente der Wasen auch als Schafweide und als Seilerbahn (norddeutsch: Reeperbahn). Hier war viel Platz und die Seiler schlugen, spannten und verdrillten ihre langen Seile. Am Neckarufer wuchsen Korbweiden (Felben), von denen die Korbmacher ihre Weidenruten schnitten.

Neben dem »Seilerwasen« entstand um 1820 ein »Trommlerwasen«. Die benachbarte Stadt Stuttgart begann sich im Nesenbachtal räumlich auszudehnen und die Militärgarnison benötigte neue Flächen, die groß und eben sein sollten. Außerdem soll sich der neue König Wilhelm I. daran gestört haben, dass Soldaten den Schlossplatz und Wiesen in der Nähe des Neuen Schlosses für ihre von Befehlsgeschrei und Büchsenschüssen lautstark begleiteten Übungen nutzten.

Also tauschte die Staatsverwaltung mit der Stadtgemeinde Cannstatt verschiedene Wiesen und steuerliche Abgabeverpflichtungen mit etwa 13 Hektar Grund auf dem Wasen und legte einen Exerzierplatz an. Im Laufe der Zeit wurde die Fläche stetig vergrößert, so dass um das Jahr 1900 etwa 150 Hektar, und damit der größere Teil des Wasens, militärisch genutzt wurde. Hier marschierten die Infanteristen des in Stuttgart stationierten Grenadierregiments »Königin Olga«, die Ulanen des Regiments »König Wilhelm« und ritten die Königsdragoner hoch zu Ross hierher von ihrer Reiterkaserne an der Stelle des heutigen Stuttgarter Europaviertels.

Cannstatt als Garnisonsstadt

Ende des 19. Jahrhunderts wurde Cannstatt schließlich selbst Garnisonsstadt. Das bis dato in Ludwigsburg stationierte Feldartillerieregiment »König Karl Nr. 13« bezog 1896 die Taubenheimkaserne. Sie stand an der Taubenheimstraße, dort wo heute das Landeskriminalamt zu Hause ist. Die Stuttgarter Königsdragoner mussten ihre Kaserne wegen der Anlage des Güterbahnhofs räumen und bekamen in der Reiterkaserne auf dem Hallschlag

Ansichtskarte vom Wasenmanöver am 14. September 1904.

eine neue Heimat. Die Kaserne wurde auf den Grundmauern des teilweise ausgegrabenen römischen Kastells errichtet.

Der Wasen war ständiger Übungsort beider Garnisonen. Darüber hinaus wurden auch regelrechte Manöver abgehalten, zu denen Soldaten von Standorten aus ganz Württemberg einberufen wurden. Manchmal durfte auch die Stadtbevölkerung eine der prächtigen Paraden besuchen. Jedes Jahr nahm der König die Frühjahrsparaden ab. Weitaus prächtiger wurde es, wenn hoher Besuch anstand, wie beispielsweise zum 25-jährigen Regierungsjubiläum von König Karl, zu dem im Jahr 1889 sogar Kaiser Wilhelm II. aus Berlin zu Gast war. Bei der Kaiserparade zehn Jahre später sollen 20.000 Soldaten paradiert haben, darunter allein die Hälfte von Krieger- und Militärvereinen. Die Soldaten wurden bei den Cannstatter Familien einquartiert – ob diese wollten oder nicht. Es wäre unehrenhaft gewesen, einen solchen Hausgast abzulehnen. Hunderttausend Zuschauer bejubelten und bestaunten das Militärspektakel.

Das Zwei-Kaiser-Treffen

Zwar keine militärische, dafür aber eine besonders prachtvolle Parade ergab sich im Jahr 1857 anlässlich des Zwei-Kaiser-Treffens in Stuttgart. Zar Alexander II. von Russland und Kaiser Napoleon III. von Frankreich besuchten den württembergischen Königshof. Am Volksfesttag, dem 28. September, bestaunten etwa 60.000 Zuschauer den Einzug der Majestäten. Langsam ritten der russische Zar und der französische Kaiser zu Seiten des württembergischen Königs Wilhelm I. durch die Zuschauermassen. Hinter ihnen ritten Prinzen, Generäle und weitere Offiziere in ihren farbenprächtigen, ordenschweren Uniformen. Darauf folgten prächtige Kutschen mit der russischen Zarin und ihrer Schwägerin, der württembergischen Kronprinzessin Olga. Dahinter die holländische Königin Sophie, Tochter Wilhelms

I., und ihre Stiefmutter, die württembergische Königin Pauline. Und schließlich die Königin von Griechenland und viele weitere Prinzen, Prinzessinnen und unzählige Fürsten.

Buffalo Bill auf dem Wasen

Im Anschluss an das Volksfest von 1910 gastierte ab 14. Oktober William Frederick Cody, besser bekannt als »Buffalo Bill«, für sechs Tage auf dem Cannstatter Wasen. Mit 25 Eisenbahnwaggons zog die Wildwestshow, an der 200 Indianer, Cowboys, Pfadfinder, Scharfschützen und Reiter, 175 Ponys, Maultiere, wilde Pferde und Büffel teilnahmen, ins schwäbische Cannstatt. Sogar ein echter Sioux-Häuptling war Teil der von täglich 8.000 Zuschauern besuchten Shows, für die eigens eine Arena und eine Zeltstadt auf dem Wasen entstand. Das Stuttgarter Neue Tagblatt schrieb damals: »Die Veranstaltungen begannen mit dem Gesang der Cowboys, worauf eine wilde Jagd der Indianer folgte, deren feurigen Pferde den Rasen

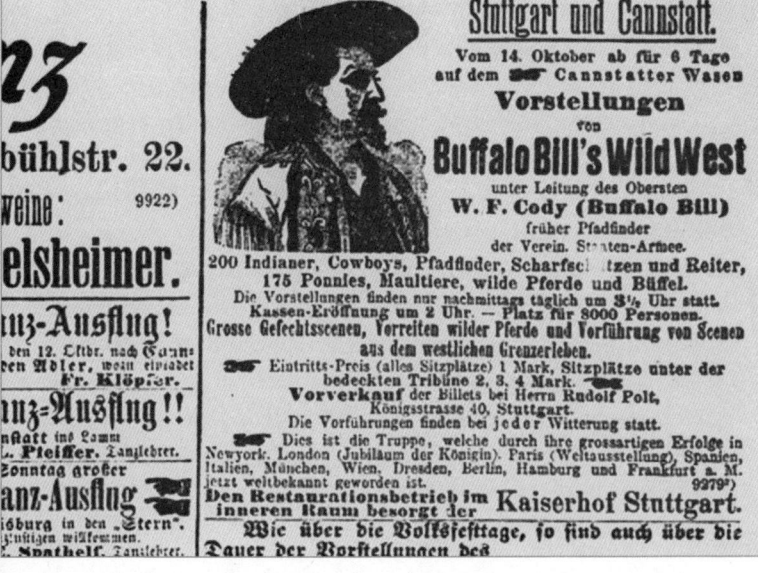

Werbeanzeige für die Vorstellungen von Buffalo Bill.

kaum zu berühren schienen, sie fliegen förmlich« Darauf folgten Kunstschützen, Cowboys und Reiter des Pony-Postexpress, an dem einstmals Buffalo Bill selbst beteiligt war und schließlich Überfälle von Indianern auf Kutschen und Dörfer – der berühmte Buffalo Bill stets als Retter in der Not. Das Ganze wurde verkauft als »Amerika – wie es wirklich ist« und die meisten Leute glaubten das auch.

Übungen für den bitteren Ernstfall

Natürlich trainierten auf dem Exerzierplatz keine Operettensoldaten. Es war kriegerischer Ernst und der Wasen war von Schützengräben durchzogen. Letztendlich übte man ja für den Ernstfall, der im Jahr 1914 mit dem Ersten Weltkrieg auch eintrat. Tausende junger Stuttgarter und Cannstatter mussten auf den Schlachtfeldern dieses Krieges ihr Leben lassen.

Mit der Kanalisierung des Neckars war 1927 der Wasen als Standort des Exerzierplatzes nicht mehr geeignet und man verlegte das Übungsgelände auf den Burgholzhof.

Der Internationale Sozialistenkongress

Der sechste Internationale Sozialistenkongress fand im Jahr 1907 in Stuttgart statt. Ausschlaggebend dafür war nicht zuletzt Clara Zetkin, die mit ihrem Mann Friedrich Zundel in Sillenbuch lebte und mit Rosa Luxemburg eng befreundet war. Zudem musste man in Berlin mit einem Veranstaltungsverbot rechnen. Auch in Stuttgart waren verschiedene Auflagen an die Genehmigung gebunden. Beispielsweise durften keine roten Fahnen aufgehängt werden, beleidigende Äußerungen gegen die Regierungen deutscher sowie befreundeter Staaten waren untersagt und Polizisten in Zivilkleidung waren bei der Veranstaltung zugegen.

884 Delegierte aus 25 Ländern waren nach Stuttgart gekom-

Internationaler Sozialistenkongress 1907..

men, um in der Stuttgarter Liederhalle Themen wie Militarismus und die damals aktuellen internationalen Konflikte oder die Beziehungen der proletarischen Parteien zu den Gewerkschaften zu erörtern. Auch die Kolonialfrage wurde besprochen. Dabei wurden zwar die Methoden der Kolonialherren kritisiert, der Kolonialismus als solcher jedoch nicht. Außereuropäische Völker wurden damals auch von den Sozialisten noch als »Wilde« betrachtet, die auf diese Weise »erzogen« werden könnten. Ein wichtiges Thema war das Frauenwahlrecht. Dabei war Clara Zetkin aus Stuttgart besonders engagiert und hat sowohl bei der Ersten Internationalen Frauenkonferenz, die in den Tagen vor dem Kongress ebenfalls in Stuttgart stattfand, als auch beim Kongress vehement das Frauenwahlrecht eingefordert. Zu diesem Zeitpunkt war im Deutschen Reich Frauen die politische Betätigung noch gänzlich verboten. Eigentlich hätte Clara Zetkin die Frauenkonferenz gar nicht abhalten und auch auf dem Sozialistenkongress nicht sprechen dürfen. Erst nach dem Ende der Monarchie in Deutschland wurde mit der Weimarer Republik auch Frauen erlaubt, an politischen Wahlen sowohl aktiv als auch passiv teilzunehmen.

Zu Beginn des Sozialistenkongresses fand auf dem Cannstatter Wasen ein Massentreffen »für Völkerfrieden und Volksbefreiung« als Eröffnungsveranstaltung statt. Über 60.000 Menschen waren gekommen, um den Ansprachen der Redner aus 12 Ländern, die von sechs Tribünen gehalten wurden, zuzuhören.

»Fußlümmelei« statt militärischem Drill

Als am 25. März 1890 der »Cannstatter Fußball-Club« gegründet wurde waren Ballspiele in der Kurstadt nichts neues. Englische Schüler, die die hiesigen Knabeninternate besuchten, hatten sie wohl von der Insel mitgebracht. Ob Fußball, oder »Fußlümmelei«, wie man damals sagte, von Anfang an dazu gehörte, ist

Modell »Großbadewanne« Adolf-Hitler-Kampfbahn 1933.

»Fußlümmelei« statt militärischem Drill 95

nicht bekannt. Sicher jedoch Rugby, Cricket und Tennis. Um 1880 gab es jedoch bereits zwei englische und eine deutsche Fußballgruppe in Cannstatt, die sozusagen »Länderspiele« gegeneinander ausgetragen haben.

Aus dem Cannstatter Fußball-Club, dessen Ziel »die Verbreitung aller Rasenspiele und athletischen Sports« war, ist der heutige Cannstatter Tennisclub hervorgegangen, der damit der älteste Tennisverein in Württemberg ist.

Der Cannstatter Wasen, als ebene Rasenfläche, wurde hierbei gerne zum Fußballspiel und anderen Ballspielen genutzt. Im September 1892 fand beispielsweise ein »Internationales Cricket-Turnier« auf dem Wasen statt. Ein richtiges Fußballstadion entstand erst im Jahr 1914 anlässlich der Stuttgarter Gesundheitsausstellung.

Am 24. Mai 1914 wurde mit 7.000 Tribünen- und 13.000 Stehplätzen das erste Stadion auf dem Wasen eingeweiht. Leider wurde es nur drei Monate später durch einen Brand zerstört. Wahrscheinlich hatte eine weggeworfene Zigarettenkippe die hölzerne Tribüne in Brand gesetzt.

Während des Ersten Weltkriegs und den schwierigen Jahren danach stand den Leuten zwar wenig der Sinn nach Ballspielen, dennoch baute man mit Spenden der VfB-Mitglieder ein ab 1919 bespielbares Stadion. Auf dem übrigen, durch das Militärverbot im Versailler Vertrag nicht mehr als Exerzierplatz genutzten Teil des Cannstatter Wasens wurde Gemüse angebaut.

Nachdem 1927 der (ehemalige) Exerzierplatz zum Burgholzhof verlagert wurde, erwarb die Stadt das Gelände. Man plante ein neueres, moderneres und vor allem größeres Stadion. Paul Bonatz und Friedrich Scholer entwarfen das »Stuttgarter Kampfbahn« genannte Bauwerk, das zum 15. Deutschen Turnfest 1933 fertiggestellt wurde. Allerdings bekam es sogleich einen neuen Namen: »Adolf-Hitler-Kampfbahn«, der Führer erschien persönlich zur Abschlussveranstaltung der Spiele. Schon in den ersten beiden Jahren wurde die

»hässliche Großbadewanne«, wie sie manche nannten, von 35.000 Plätzen auf 70.000 Plätze erweitert. Es fanden auch nicht nur Fußballspiele in der Arena statt. Vor 60.000 Zuschauern boxte beispielsweise 1939 der ehemalige Weltmeister Max Schmeling gegen die »rheinische Bulldogge« Adolf Heuser. Noch in der ersten Runde ging Heuser k.o. und der Kampf war beendet.

Nach dem Zweiten Weltkrieg nannten die amerikanischen Besatzungssoldaten das Stadion »Century Stadium« und nutzen es für Baseball-Veranstaltungen. Aber wie vor dem Krieg nutzte auch der Verein für Bewegungsspiele (VfB) Stuttgart seit 1945 die im Jahr 1949 in »Neckarstadion« umbenannte Fußballarena. Legendär war 1949 die »Hitzeschlacht von Stuttgart«, als der VfR Mannheim und Borussia Dortmund um die Deutsche Fußballmeisterschaft rangen, die schließlich Mannheim 3:2 gewann. Das erste Nachkriegsländerspiel, in dem Deutschland gegen die Schweiz spielte, fand am 22. November 1950 vor 103.000 Zuschauern statt: die »Schlammschlacht von Stuttgart«. Die Fußballfans standen so dicht, dass sie sich kaum bewegen konnten. Damals trugen die Männer noch Hüte und nach einem besonders guten Spieleinsatz lupfte man üblicherweise den Hut. Das ging nun nicht mehr, weil keiner den Arm hoch bekam – also lupfte der Hintermann den Hut des tiefer stehenden Vordermannes. Auf dem von tagelangem Regen vollkommen aufgeweichten Platz gewann die deutsche Elf von Trainer Sepp Herberger mit 1:0.

Heute heißt das Stadion mit dem weithin sichtbaren typischen weißen Zeltdach »Mercedes-Benz Arena«. Zwischen 2008 und 2011 wurde es zum reinen Fußballstadion umgebaut. In den Jahrzehnten davor war es oft Austragungsort von Leichtathletik-Meisterschaften. Im Jahr 1986 fand hier die Leichtathletik-Europameisterschaft statt und im Jahr 1993 die Leichtathletik-Weltmeisterschaft. Damals besuchten fast 600.000 Zuschauer die Wettkämpfe, so viele wie noch nie bei einer Leichtathletik-

Weltmeisterschaft zuvor. Die UNESCO verlieh dem Publikum damals den Fair-Play-Preis für das große Zuschauerinteresse, die Fachkundigkeit und die Begeisterung.

Seit 1919 auf dem Wasen: Der VfB Stuttgart

Der Verein für Bewegungsspiele Stuttgart 1893 e. V. gründete sich am 2. April 1912 durch die Fusion des 1893 entstandenen Fußballvereins (FV) Stuttgart und des Cannstatter Kronenklubs. Als Vereinssymbol verständigte man sich auf die Farben Weiß und Rot der Cannstatter Fahne und die Hirschgeweihstangen des württembergischen Adelshauses. Nachdem der FV Stuttgart zu diesem Zeitpunkt keinen Fußballplatz mehr hatte, spielte man zunächst auf einem Platz in Münster, der vom Kronenklub angelegt worden war.

Zwei Jahre später begann der Erste Weltkrieg und regelmäßige Fußballspiele waren fast nicht mehr möglich. Drei Viertel der Spieler wurden Soldaten und ein Sechstel der Vereinsmitglieder mussten im Krieg ihr Leben lassen.

In den 1920er Jahren wurde der VfB in Süddeutschland immer erfolgreicher und spielte nahezu ständig in der damals höchsten Spielklasse. 1927 gewann er die Meisterschaft der Bezirksliga Württemberg-Baden, 1930 spielte er in der Endrunde der Süddeutschen Meisterschaft.

Mit der Machtergreifung der nationalsozialistischen Partei im Jahr 1933 änderte sich auch das Vereinsleben. Die Einführung von Wehrsport, der Ausschluss jüdischer Mitglieder und weitere Veränderungen im Sinne des nationalsozialistischen Regimes prägten auch den VfB. Derzeit ist der Verein dabei, die Jahre zwischen 1933 bis 1945 detailliert aufzuarbeiten.

Auch während der NS-Diktatur erzielte der Verein mehrere Spielerfolge bis hin zum Endspiel um die Deutsche Meisterschaft im Jahr 1935, die er allerdings gegen Schalke 04 verlor. Obwohl das recht. Viele mussten schon dort ihr Leben lassen. Über schlechte Wege ging es weiter nach Odessa. Endlich kam die Unterstützung der russischen Regierung und man konnte sich Pferde und Wagen für die Weiterreise besorgen. So drangen die Einwanderer bis in den Südkaukasus durch und wurden auf verschiedene Siedlungskolonien verteilt. Die dort lebende Bevölkerung war muslimischen Glaubens und verhältnismäßig rückständig, die Landschaft bergig und wild. Bären und Wölfe streiften durchs Land. Der Boden jedoch war sehr fruchtbar und die Auswanderer fleißig. So kam es bald zu landwirtschaftlichen Erfolgen und zu schönen Dörfern mit zufriedenen Einwohnern, die ihre heimatliche Kultur behielten und pflegten.

Andere wanderten durch die deutschen Lande nach Hamburg und machten sich auf die gefährliche Schiffsreise über den Atlantik nach Amerika. Die große, aus allen Ecken der Welt einströmende Migrationswelle führte dort wiederum zu einer verstärkten Wanderung von der Ostküste ins Innere der Vereinigten Staaten, die sich nahezu jedes Jahr um einen Bundesstaat vergrößerten. Ehemals durch Indianer besiedeltes Land wurde annektiert und besiedelt.

Doch was geschah derzeit im Königreich Württemberg? König Wilhelm I. – Friedrich I. verstarb am 30. Oktober 1816 – und seine Gemahlin Königin Katharina waren sehr daran interessiert, ihr Land und seine Bevölkerung wieder zu wirtschaftlichem Wohlstand und zu lebenswerten Verhältnissen zu bringen. Zunächst wurden Maßnahmen ergriffen, die Teuerung zu bekämpfen. Ein öffentliches Wohlfahrtswesen wurde aufgebaut. Dazu gehörte eine Armenstiftung, die aus der königlichen Domänenkasse unterstützt wurde, genauso wie die Einrichtung von Armen- und Webschulen, um Kinder vor der Verwahrlosung zu bewahren. Mit der Gründung der Landessparkasse wurde eine Einrichtung geschaffen, in der Angehörige aller Stände Zinsen für ihr Geld bekamen und so für die Zukunft vorsorgen konnten. Kleinere, aus der Armut heraus begangene Sträflichkeiten wurden amnestiert, wie beispielsweise der Holzdiebstahl aus den Landeswäldern. Der von Friedrich I. angelegte Tierpark wurde abgeschafft; konnte es doch nicht angehen, dass die Exoten mit Fleisch und Brot gefüttert wurden, während die Leute auf der Straße verhungerten.

Am 30. Juni 1817 schuf das Königspaar mit der Einrichtung der »Centralstelle des Landwirthschaftlichen Vereins« die Grundlagen dafür, Landwirtschaft künftig besser und ertragreicher zu betreiben. Nach dem schlimmen Hungerjahr wurde im Sommer 1817 wieder eine üppige Ernte eingefahren. Im Jahr darauf gründeten König Wilhelm I. und Königin Katharina die Landwirtschaftliche Unterrichts, Versuchs- und Musteranstalt am Schloss Hohenheim. Hier sollten Methoden erforscht werden, die Landwirtschaft witterungsunabhängiger zu machen sowie regelmäßige gute Ernten zu begünstigen. Die landwirtschaftliche Bevölkerung sollte in modernen Methoden ausgebildet werden, auch im überregionalen Austausch. Die im Jahr 1847 zur Landwirtschaftlichen Akademie erhobene Einrichtung wurde zur Grundlage der heutigen Universität Hohenheim.

Die Lage entspannte sich nochmals deutlich, als es im Jahr 1818 ebenfalls eine gute Ernte gab. Zum Dank dafür wurde am Tag nach König Wilhelms 37. Geburtstag, am 28. September, das Cannstatter Volksfest gefeiert. Es hätte jedoch nicht dem pragmatisch eingestellten König entsprochen, wenn dort nur gefeiert worden wäre. Das Volksfest wurde mit einem Landwirtschaftlichen Hauptfest verbunden, bei dem die neuesten Methoden und Techniken der Landwirtschaft und der Viehzucht gezeigt und prämiert wurden.

Flugzeughalle auf dem Cannstatter Wasen, Bildpostkarte.

konnten hier ungefährdet starten und landen und damit ihre Flugversuche vervollkommen. Das überzeugte offenbar die Militärverwaltung, die eine solche Nutzung unter bestimmten Voraussetzungen genehmigte. So durfte nur zu bestimmten Zeiten geflogen werden und Beschädigungen an der Rasenfläche mussten wieder in Ordnung gebracht werden.

Doch bevor die ersten Flugzeuge auf dem »Neckar-Airport« starteten, gehörte das Flugfeld den Luftschiffen und den Ballonfahrern. Schon Gottlieb Daimler hatte die Idee, seine Motorenerfindung nicht nur in Straßenfahrzeugen, sondern auch zu Wasser und in der Luft einzusetzen. Bereits am 10. August 1888 flog ein motorbetriebenes Luftschiff von seinem Betriebsgelände am Cannstatter Seelberg bis nach Kornwestheim. Spektakulärer war natürlich der Start am 27. September 1888, als ein von Dr. Wölfert aus Leipzig konstruiertes Luftschiff mit einem Daimler-Motor anlässlich der Volksfesteröffnung vom Cannstatter

Der »Neckar-Airport« auf dem Cannstatter Wasen

Wasen aufstieg. Leider erwies sich der Motor als nicht ganz zuverlässig. Er setzte mehrfach aus, so dass der Pilot schließlich bei Gablenberg auf einer Wiese landete, um nicht über bewohntem Gebiet oder gar auf dem Neckar aufsetzen zu müssen.

Am 28. September 1902 kam es erneut zu einem Luftschiffstart beim Cannstatter Volksfest. Der »Aeronaut« Paul Spiegel aus Chemnitz flog erfolgreich mit einem Luftschiff, das mit 700 Kubikmetern Leuchtgas aus der benachbarten Cannstatter Gasfabrik gefüllt war.

Und natürlich warteten die Cannstatter und Stuttgarter gespannt auf die Landung eines der von Graf Ferdinand von Zeppelin gebauten Luftschiffe. Das 136 Meter lange Luftschiff »LZ 4« sollte am 5. August 1908 auf dem Cannstatter Wasen niedergehen, um einen defekten Daimler-Motor reparieren zu lassen. Wegen der Windströmungen entschloss man sich jedoch zu einer Landung auf einem Feld bei Echterdingen, wo sich das Luftschiff bei einem aufkommenden Gewittersturm losriss und ausbrannte.

Ein Jahr später landete schließlich das von August von Parseval in Bitterfeld gebaute Luftschiff »P 3« auf dem Cannstatter Wasen. Das 70 Meter lange Luftschiff hatte 11,30 Meter Durchmesser und war im Gegensatz zu den Zeppelinen nicht mit starrem Innengerüst, sondern als Prallluftschiff konstruiert. Vor der Landung

Landung Parseval »P3« am 15. Oktober 1909 auf dem Cannstatter Wasen.

Wasen, Werder, Anger, Au

Das Wort Wasen hat sich aus dem althochdeutschen »waso« entwickelt. So bezeichnete man ein feuchtes Ödland, also auch Überschwemmungsgebiete von Flüssen. Andere Worte lauten Anger, Matte, Aue, Wiese oder (im Norddeutschen) Werder.

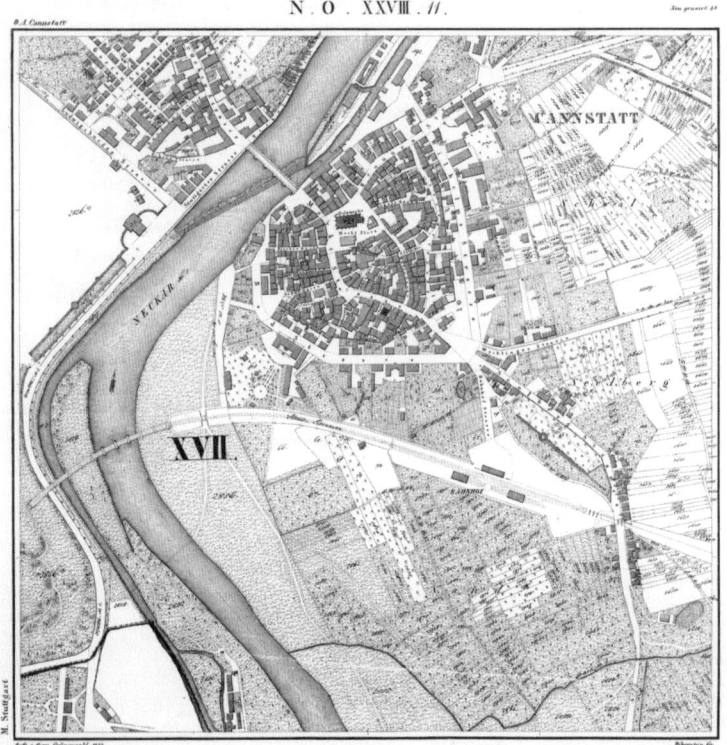

Cannstatt mit Neckar und Wasen 1822.

Tatsächlich war der Cannstatter Wasen das Überschwemmungsgebiet des Neckars, der schließlich erst in den 1920er Jahren für die Schifffahrt kanalisiert wurde. Viele Zuflüsse aus dem Schwarzwald und von den Höhen der Schwäbischen Alb brachten nach Schneeschmelze oder starken Regenfällen enorme Wassermengen, die die Uferwiesen überschwemmten.

Die im Jahr 1895 veröffentlichte Beschreibung des Oberamts Cannstatt verzeichnet als stärkstes Hochwasser der vom damaligen Zeitpunkt aus gesehen »letzten drei Jahrhunderte« die Flut vom 29. und 30. Oktober 1824, als der Neckar 6,26 Meter über dem Normalpegel lag. Dabei wurden nicht nur der Cannstatter Wasen, sondern die gesamte Innenstadt überflutet. Brücken wurden weggerissen und entwurzelte Bäume vom Fluss fortgeschwemmt.

1824 gab es das Cannstatter Volksfest bereits ein paar Jahre und bis zum Überflutungsereignis war es längst wieder beendet. Trotzdem war eine »ungestörte« Nutzung des Wasens als Festwiese, Flugplatz, Militär- und Sportgelände erst nach der Kanalisierung des Neckars hundert Jahre später möglich.

In strengen Wintern kam es manchmal zu spektakulären Eisgängen. So tummelten sich im Februar 1880 Schlittschuhläufer auf dem zugefrorenen Neckar, ein Zimmermann baute ein Fachwerkhaus und ein Hufschmid beschlug Pferde auf dem Eis. In den Wintern 1929, 1941 und 1956 kam es ebenfalls zu Eismassen auf dem Neckar und entsprechend vergnüglichen Spaziergängen der Bevölkerung auf dem Fluss. Das letzte Mal fror der Neckar im Jahr 1963 gänzlich zu. Damit konnten die Kohleschiffe das wertvolle

Gefrorener Neckar 1880.

regelmäßig Ballonwettfahrten statt, zuletzt am 3. Oktober 2015. Im Jahr 2016 musste der Start leider wetterbedingt abgesagt werden.

Bildpostkarte Gordon-Bennett-Rennen 1912.

Tollkühne Männer in fliegenden Kisten

Im Jahr 1904 zog das Daimler Werk auf die trocken gelegten Untertürkheimer Flächen des Wasens und lag damit in direkter Nachbarschaft zum Flugfeld. Einer ständigen Nutzung des Militärgeländes für die Flugerprobung der Daimler-Motoren stimmte jedoch die Militärverwaltung nicht zu; dem Württembergischen Flugsport-Club wurde der Flugbetrieb jedoch wie erwähnt gestattet. Allerdings musste jeder »Pilot« die eigens erlassenen »Bestimmungen für die Vornahme von Flugübungen auf dem Exerzierplatz« unterschreiben und einhalten. Darin waren u. a. die Flugzeiten, das erwartete Verhalten der Luftfahrer und die Haftung geregelt.

Ab dem Herbst des Jahres 1909 konnte man allerhand merkwürdige Luftfahrzeuge auf dem Cannstatter Wasen betrachten. Die Gebrüder Vollmoeller, deren Vater in Vaihingen auf den Fildern eine Trikotagenfabrik betrieb, starteten mit ihrem selbst konstruierten Flugzeug. Zunächst erlaubte ihnen der schwache Motor nur einen kurzen Luftsprung. Ein Jahr später gelang jedoch ein zehnminütiger Flug über die Neckarorte der Nachbarschaft und eine sichere Landung.

Hellmut Hirth baute in den Werkhallen seines Vaters in der Cannstatter Vorstadt ein Flugzeug, ähnlich dem Flugzeugtyp von Louis Bleriot. Bleriot hatte mit seinem Eindecker kurz zuvor den Ärmelkanal überquert und einen Flugdauerrekord aufgestellt. Der Nachbau von Hellmut Hirth erreichte jedoch trotz seines 50 PS-Motors von Daimler nur eine Flugstrecke von 500 Metern.

Ernst Heinkel aus Grunbach im Remstal baute in einem Schuppen am Rande des Wasens einen Doppeldecker und startete ihn am 9. Juli 1911, ebenfalls mit einem Daimler-Motor. Kleinere Flüge gelangen ihm zwar, zehn Tage später stürzte er jedoch bei einem Kurvenflug bei Untertürkheim ab und erlitt schwere Verletzungen. Adam Glück aus Fellbach baute mit finanzieller Unterstützung von Robert Bosch einen zweisitzigen eine neue Heimat. Die Kaserne wurde auf den Grundmauern des teilweise ausgegrabenen römischen Kastells errichtet.

Der Wasen war ständiger Übungsort beider Garnisonen. Darüber hinaus wurden auch regelrechte Manöver abgehalten, zu denen Soldaten von Standorten aus ganz Württemberg einberufen wurden. Manchmal durfte auch die Stadtbevölkerung eine der prächtigen Paraden besuchen. Jedes Jahr nahm der König die Frühjahrsparaden ab. Weitaus prächtiger wurde es, wenn hoher Besuch anstand, wie beispielsweise zum 25-jährigen Regierungsjubiläum von König Karl, zu dem im Jahr 1889 sogar Kaiser Wilhelm II. aus Berlin zu Gast war. Bei der Kaiserparade zehn Jahre später sollen 20.000 Soldaten paradiert haben, darunter allein die Hälfte von Krieger- und Militärvereinen. Die Soldaten wurden bei den Cannstatter Familien einquartiert – ob diese wollten oder nicht. Es wäre unehrenhaft gewesen, einen solchen Hausgast abzulehnen. Hunderttausend Zuschauer bejubelten und bestaunten das Militärspektakel.

Das Zwei-Kaiser-Treffen

Zwar keine militärische, dafür aber eine besonders prachtvolle Parade ergab sich im Jahr 1857 anlässlich des Zwei-Kaiser-Treffens in Stuttgart. Zar Alexander II. von Russland und Kaiser Napoleon III. von Frankreich besuchten den württembergischen Königshof. Am Volksfesttag, dem 28. September, bestaunten etwa 60.000 Zuschauer den Einzug der Majestäten. Langsam ritten der russische Zar und der französische Kaiser zu Seiten des württembergischen Königs Wilhelm I. durch die Zuschauermassen. Hinter ihnen ritten Prinzen, Generäle und weitere Offiziere in ihren farbenprächtigen, ordenschweren Uniformen. Darauf folgten prächtige Kutschen mit der russischen Zarin und ihrer Schwägerin, der württembergischen Kronprinzessin Olga. Dahinter die holländische Königin Sophie, Tochter Wilhelms

I., und ihre Stiefmutter, die württembergische Königin Pauline. Und schließlich die Königin von Griechenland und viele weitere Prinzen, Prinzessinnen und unzählige Fürsten.

Buffalo Bill auf dem Wasen

Im Anschluss an das Volksfest von 1910 gastierte ab 14. Oktober William Frederick Cody, besser bekannt als »Buffalo Bill«, für sechs Tage auf dem Cannstatter Wasen. Mit 25 Eisenbahnwaggons zog die Wildwestshow, an der 200 Indianer, Cowboys, Pfadfinder, Scharfschützen und Reiter, 175 Ponys, Maultiere, wilde Pferde und Büffel teilnahmen, ins schwäbische Cannstatt. Sogar ein echter Sioux-Häuptling war Teil der von täglich 8.000 Zuschauern besuchten Shows, für die eigens eine Arena und eine Zeltstadt auf dem Wasen entstand. Das Stuttgarter Neue Tagblatt schrieb damals: »Die Veranstaltungen begannen mit dem Gesang der Cowboys, worauf eine wilde Jagd der Indianer folgte, deren feurigen Pferde den Rasen

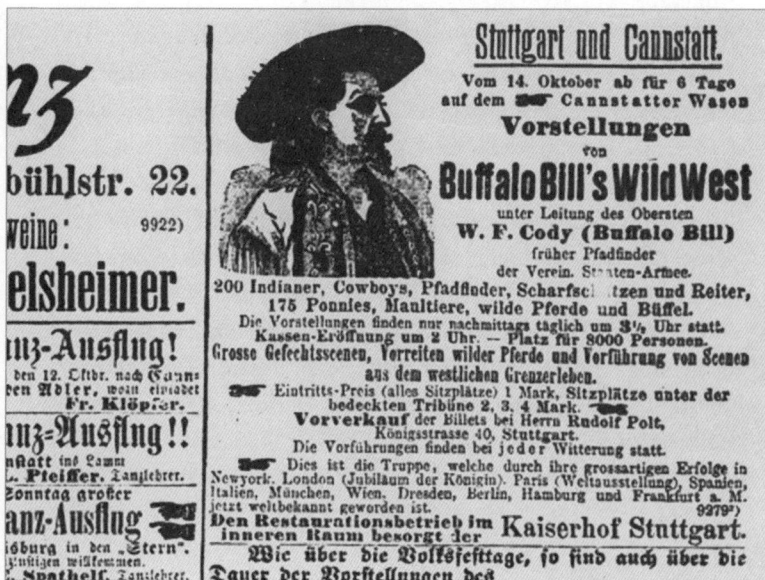

Werbeanzeige für die Vorstellungen von Buffalo Bill.

eine Fläche an der Bahnlinie bei Böblingen benannt, die man bis zum August 1915 zum Militärflugplatz ausbaute. Während des Ersten Weltkriegs und in der Zeit danach fand also nahezu kein Flugbetrieb auf dem Cannstatter Wasen statt.

Linienflüge starten auf dem Cannstatter Wasen

Mit drei Flugzeugen aus dem Ersten Weltkrieg gründete der Kriegspilot und Ingenieur Paul Strähle aus Schorndorf das erste private Flugunternehmen in Württemberg. Am 3. Januar 1921 startete er um 11:19 Uhr mit einem alten umgebauten Militärflugzeug zu seinem ersten Linienflug nach Konstanz. Bei starkem Wind und teilweise dicht hängenden Wolken flog er über Sigmaringen und Überlingen nach Konstanz. Nach der Begrüßung durch die örtliche Prominenz flog er gleich wieder zurück und landete um 14:15 Uhr, also nach knapp drei Stunden, wieder sicher und planmäßig auf dem »Neckar-Airport«.

Bis 1923 flog die Firma »Luftverkehr Strähle« die Linie nach Konstanz und nach Nürnberg. In den drei Jahren wurden 1.525 Passagiere und viele Hundert Kilogramm Post transportiert. Durch die Inflation und die Streichung der Luftpostsubventionen geriet die Firma 1923 in wirtschaftliche Schwierigkeiten und stellte den Liniendienst ein. Paul Strähle entdeckte nun in der Luftbildfotografie eine Marktlücke: Er fotografierte nahezu in ganz Deutschland Städte und Landschaften aus der Luft und schuf mit seinem Archiv damit eine für Stadt- und Raumentwicklung heute noch wichtige Dokumentation. Das Militärflugzeug vom Typ »Halberstadt CL IV«, mit dem Strähle seine Linienflüge vom Cannstatter Wasen aus startete, befindet sich heute im Deutschen Technikmuseum Berlin als Teil der Ausstellung »Vom Ballon zur Luftbrücke«.

Ausbau zum Verkehrsflughafen: Der Wasen vs. Flugfeld Böblingen

Die Stadt Stuttgart, die Eisenbahn, die Post und die Industrieverbände sahen bereits 1920 die Notwendigkeit zum Ausbau der Verkehrsluftfahrt und der Anlage eines entsprechenden Flughafens. In der Diskussion waren der Cannstatter Wasen und der Militärflughafen in Böblingen. Wegen der größeren Fläche, der höheren Nebelfreiheit und der Tatsache, dass die Stadt Böblingen bereit war, einen Flugzeughangar zu bauen, entschied man sich für Böblingen. Am 25. April 1925 ging dort der Flughafen Stuttgart-Böblingen mit der Landung der ersten Verkehrsmaschine des Deutschen Aero Lloyd in Betrieb.

Nach der Inflation erlebte der Wasen in den 1920er und 1930er Jahren immer wieder Flugveranstaltungen. Beim ersten Volksfest nach dem Krieg bewunderten 1926 fünfzigtausend Zuschauer die waghalsigen Kunstflüge. Der Luftakrobat Fritz Schindler aus Berlin turnte frei an einem Trapez unter dem Flugzeug hängend.

Zum Volksfest wurden in jedem Jahr »Großflugtage« abgehalten, bei denen die Zuschauer mit spektakulären Flugübungen oder berühmten Fliegern begeistert wurden. 15 kleine Flugzeuge eskortierten 1928 die »Junkers W 33« zum Wasen, mit der die Piloten Köhl, von Hühnefeld und Fritzmaurice ein halbes Jahr zuvor erstmals den Atlantik von Ost nach West überquert hatten.

Der Großflugtag zu Beginn des Volksfestes 1936 zog 20.000 Zuschauer zum Cannstatter Wasen. Zunächst stiegen zwölf Ballone zur Fuchsballonfahrt auf, dann landeten 38 Flugzeuge, die zuvor einen Burgenrundflug gemacht hatten. Mit dem Beginn des Zweiten Weltkriegs wurden die Flugveranstaltungen auf dem Cannstatter Wasen eingestellt. Bis ins Jahr 1943 nutzten junge Segelflieger die großen Flächen für ihre Übungsflüge.

diesem Zeitpunkt war im Deutschen Reich Frauen die politische Betätigung noch gänzlich verboten. Eigentlich hätte Clara Zetkin die Frauenkonferenz gar nicht abhalten und auch auf dem Sozialistenkongress nicht sprechen dürfen. Erst nach dem Ende der Monarchie in Deutschland wurde mit der Weimarer Republik auch Frauen erlaubt, an politischen Wahlen sowohl aktiv als auch passiv teilzunehmen.

Zu Beginn des Sozialistenkongresses fand auf dem Cannstatter Wasen ein Massentreffen »für Völkerfrieden und Volksbefreiung« als Eröffnungsveranstaltung statt. Über 60.000 Menschen waren gekommen, um den Ansprachen der Redner aus 12 Ländern, die von sechs Tribünen gehalten wurden, zuzuhören.

»Fußlümmelei« statt militärischem Drill

Als am 25. März 1890 der »Cannstatter Fußball-Club« gegründet wurde waren Ballspiele in der Kurstadt nichts neues. Englische Schüler, die die hiesigen Knabeninternate besuchten, hatten sie wohl von der Insel mitgebracht. Ob Fußball, oder »Fußlümmelei«, wie man damals sagte, von Anfang an dazu gehörte, ist

Modell »Großbadewanne« Adolf-Hitler-Kampfbahn 1933.

nicht bekannt. Sicher jedoch Rugby, Cricket und Tennis. Um 1880 gab es jedoch bereits zwei englische und eine deutsche Fußballgruppe in Cannstatt, die sozusagen »Länderspiele« gegeneinander ausgetragen haben.

Aus dem Cannstatter Fußball-Club, dessen Ziel »die Verbreitung aller Rasenspiele und athletischen Sports« war, ist der heutige Cannstatter Tennisclub hervorgegangen, der damit der älteste Tennisverein in Württemberg ist.

Der Cannstatter Wasen, als ebene Rasenfläche, wurde hierbei gerne zum Fußballspiel und anderen Ballspielen genutzt. Im September 1892 fand beispielsweise ein »Internationales Cricket-Turnier« auf dem Wasen statt. Ein richtiges Fußballstadion entstand erst im Jahr 1914 anlässlich der Stuttgarter Gesundheitsausstellung.

Am 24. Mai 1914 wurde mit 7.000 Tribünen- und 13.000 Stehplätzen das erste Stadion auf dem Wasen eingeweiht. Leider wurde es nur drei Monate später durch einen Brand zerstört. Wahrscheinlich hatte eine weggeworfene Zigarettenkippe die hölzerne Tribüne in Brand gesetzt.

Während des Ersten Weltkriegs und den schwierigen Jahren danach stand den Leuten zwar wenig der Sinn nach Ballspielen, dennoch baute man mit Spenden der VfB-Mitglieder ein ab 1919 bespielbares Stadion. Auf dem übrigen, durch das Militärverbot im Versailler Vertrag nicht mehr als Exerzierplatz genutzten Teil des Cannstatter Wasens wurde Gemüse angebaut.

Nachdem 1927 der (ehemalige) Exerzierplatz zum Burgholzhof verlagert wurde, erwarb die Stadt das Gelände. Man plante ein neueres, moderneres und vor allem größeres Stadion. Paul Bonatz und Friedrich Scholer entwarfen das »Stuttgarter Kampfbahn« genannte Bauwerk, das zum 15. Deutschen Turnfest 1933 fertiggestellt wurde. Allerdings bekam es sogleich einen neuen Namen: »Adolf-Hitler-Kampfbahn«, der Führer erschien persönlich zur Abschlussveranstaltung der Spiele. Schon in den ersten beiden Jahren wurde die später nach Paris. Die Zwillinge, die Therese in Saarburg gebar, starben kurze Zeit später. Eine Hochzeit mit der Bürgerlichen verboten ihm sein Vater als auch Napoleon. Um aber einer sich anbahnenden Heirat mit einer Verwandten Napoleons zu entgehen, ehelichte er im Jahr 1808 Charlotte Auguste von Bayern, Tochter von König Maximilian I. Josef. Schon bei der Hochzeit zeigte er ihr offensichtlich, wie wenig sie ihm bedeutete, er weigerte sich sogar, in ihrer Kutsche mitzufahren. »Wir sind Opfer der Politik«, soll einer der wenigen Sätze sein, die er an sie richtete. In Stuttgart zurück, achtete er auf Abstand zu seiner Gemahlin und reiste auch deshalb sehr oft zu langen Aufenthalten zu seiner Schwester Katharina nach Kassel, wo er zudem ein Liebesverhältnis mit einer ehemaligen Mätresse seines Schwagers Jérôme, der Baronin von Keudelstein, unterhielt, das er auch später als württembergischer König fortführte.

Nach der Entmachtung Napoleons, an der Kronprinz Friedrich Wilhelm in den Befreiungskriegen in starkem Maße beteiligt war, wurde die Ehe überflüssig. Friedrich erwirkte, dass die Ehe sowohl vom Evangelischen Konsistorium in Württemberg als auch von Papst Pius VII. für ungültig erklärt wurde. Charlotte heiratete später den verwitweten Kaiser Franz von Österreich und wurde Kaiserin.

Katharina und Georg

Großfürstin Katharina Pawlowna, Tochter des russichen Zaren Paul und Zarin Maria Feodorowna (geb. Sophie von Württemberg), wollte sich eigentlich ins österreichische Kaiserhaus vermählen. Das scheiterte jedoch, weil Habsburg den Übertritt vom russisch-orthodoxen zum römisch-katholischen Glauben verlangte und Zar Paul sich ohnehin politisch nicht an Österreich binden wollte. Später erwog Napoleon, sich von Josefine zu scheiden und die Zarentochter zu heiraten. Die entsetzte

Katharina soll daraufhin gesagt haben, dass sie lieber den letzten russischen Ofenheizer heiraten würde als diesen korsischen Parvenue. Zwar strebten sie und ihre Mutter durchaus nach einer Krone, doch musste jetzt gehandelt werden. Die Wahl fiel auf Katharinas Cousin Herzog Georg von Holstein-Oldenburg, der in Sankt Petersburg lebte. Sie heirateten im April 1809. Die beiden lebten in Twer an der Wolga, wo er das Amt des Gouverneurs ausübte. 1810 und 1812 wurden ihnen zwei Söhne geboren und Katharina führte ein glückliches Familienleben. Im Jahr 1812 kam es dann zu den großen Auseinandersetzungen mit der Armee Napoleons, deren Rückzug und Untergang. Dabei kamen Tausende russischer Soldaten ums Leben oder lagen verwundet in den Lazaretten. Um sie kümmerte sich Georg besonders und infizierte sich in einem der vielen elenden Lager schließlich an dem durch Läusekot übertragenen Fleckfieber, woran er wenige Tage später, am 15. Dezember 1812, verstarb.

Großfürstin Katharina Pawlowna.

Katharina brach angesichts des Schicksalsschlags zusammen. Um ihre nur sehr langsame Genesung voranzutreiben und ihr seelisches Gleichgewicht wiederzufinden, unternahm sie Reisen durch halb Europa und traf schließlich in London auf ihren Cousin, den württembergischen Kronprinzen Friedrich Wilhelm (ihre Mutter war die Schwester König Friedrichs I.). Offensichtlich verstanden sie sich so gut, dass sich eine Liaison entwickelte, die sogar dazu führte, dass sie mit ihm gemeinsam die Heimreise per Schiff von Dover nach Calais antrat. Danach ergab sich ein stetiger Briefwechsel. Das zweite Treffen kam beim Wiener Kongress zustande, wo die beiden so viel Zeit miteinander verbrachten, dass Zeitgenossen schon davon schrieben, dass »dereinst vom Stuttgarter Hof ein neues Zeitalter über Deutschland ausgehen werde« und in dem württembergischen Prinzen gar einen künftigen deutschen Kaiser erblickten. Die ehrgeizige Katharina hörte das gerne.

Friedrich Wilhelm und Katharina

1815, unmittelbar nach Annullierung von Friedrich Wilhelms Ehe durch das päpstliche Schreiben, verlobten sich der Kronprinz und die Zarenschwester – mittlerweile regierte Katharinas Burder, Zar Alexander I. Zwischenzeitlich war auch der besiegte Napoleon unerwartet von seinem Exil auf der Insel Elba zurückgekehrt und Friedrich Wilhelm musste wieder ins Feld ziehen. Nach dem Sieg gegen Frankreich, an dem sich der Kronprinz im Elsaß und der Pfalz besonders verdient gemacht hatte, versprach sich das Paar im Oktober 1815 in Frankfurt am Main die Ehe. Die Hochzeit wurde in Sankt Petersburg am 20. Januar 1816 prachtvoll gefeiert. Die Flitterwochen verbrachten die beiden in Russland, bevor sie im März wieder nach Stuttgart zurückkehrten. Am 13. April 1816 wurden sie von König Friedrich und Königin Charlotte Mathilde sowie Tausenden jubelnden Stuttgartern vor dem Neuen Schloss empfangen. Vom Kanonenweg ertönten Salutschüsse und alle Kirchenglocken der Stadt läuteten. Sicherlich nicht der ausschlaggebende, aber nicht außer Acht zu lassende Grund zur Freude war Katharinas stattliche Mitgift von 500.000 Rubel und eine Aussteuer im Wert von einer Million Rubel. Die Aussteuer wurde mit einigen Gepäckkutschen nach Stuttgart gebracht und zunächst im Kronprinzenpalais ausgestellt. Die Bevölkerung bestaunte fassungslos den unglaublichen Luxus, der sich in Form von Möbeln, Teppichen,

Spiegeln, Silber, Schmuck, Pelzen, orthodoxen Ikonen und weiteren Pretiosen zeigte.

Die anfängliche Besorgnis, die verwöhnte Zarentochter würde sich im, zu jener Zeit durch Armut geprägten, Württemberg nicht wohlfühlen, war unbegründet. Das königliche Paar lebte eher bescheiden, was wiederum den adeligen Kreisen Sorgen bereitete. Wird man möglicherweise künftig auf die herrlichen Feste, wie sie König Friedrich zu feiern pflegte, verzichten müssen? Tatsächlich wurden diese unter Friedrich als König Wilhelm I. zwar bescheidener, jedoch mindestens genauso stilvoll und einem Königshof angemessen.

Das Paar bezog das sogenannte Palais Hohenheim an der Königstraße. Heute steht an dieser Stelle der Mittnachtbau. In ihrem neuen Heim wurde eine russisch-orthodoxe Kapelle eingerichtet. Im Gegensatz zu den Habsburgern verlangte das Haus Württemberg nicht, dass Katharina ihren russisch-orthodoxen Glauben aufgab – zumal dann die Heirat seitens des russischen Hofs nicht möglich gewesen wäre. Die beiden drei und fünf Jahre alten Söhne Peter und Alexander, die Katharina mit Herzog Georg von Holstein-Oldenburg hatte, kamen ebenfalls mit ihrer Mutter und ihrer Kinderfrau nach Stuttgart. Gemeinsam mit Wilhelm bekam sie 1816 und 1818 ihre beiden Töchter Marie und Sophie. Ihre Freizeit verbrachte die Familie oft in Cannstatt und zwar im Landhaus Bellevue. Heute liegt dort der zoologisch-botanische Garten der Wilhelma.

König Wilhelm I. und Königin Katharina

Am 30. Oktober 1816 starb König Friedrich. Wie bereits zuvor angemerkt, starb er an einer Lungenentzündung, die er sich beim Betrachten der Ausgrabungen prähistorischer Mammutstoßzähne an einem regnerisch-kalten Tag zugezogen hatte. Am selben Tag wurden sein Sohn Friedrich Wilhelm im Alter von

35 Jahren als Wilhelm I. neuer König von Württemberg und die 28-jährige Katharina Königin.

Das königliche Paar trat eine schwere Erbschaft an. Nicht nur, dass in diesem »Jahr ohne Sommer« keine Ernte eingefahren wurde und das Volk bitter Hunger litt, sie »erbten« auch noch fast 10 Millionen Gulden Staatsschulden. Dringende Reformen waren nötig. Durch eine umfassende Neuorganisation der öffentlichen Verwaltung und besseres Wirtschaften wurden diese Schulden in den folgenden zwanzig Jahren abgetragen.

Neben dem Schuldenabbau war die Unterstützung der ärmeren Bevölkerungsschichten ein Ziel, dem sich insbesondere Königin Katharina verpflichtet sah. Bereits im Januar 1817, nur drei Monate nach der Krönung, fasste sie mit der Gründung der »Zentralleitung für die freiwilligen Wohltätigkeitsvereine« die unterschiedlichen privaten Institutionen der Armenfürsorge zusammen. Dadurch konnte nötige Hilfe koordiniert und kontrolliert zu den Bedürftigen gebracht werden.

»Hilfe zur Selbsthilfe« war die Devise. Durch neu geschaffene »Strick- oder Webschulen« wurden Kinder von der Straße in einen organisierten Tagesablauf gebracht, bei dem sie lernten und noch etwas für den Familienunterhalt verdienen konnten. Jugendliche wurden in Industrieschulen sowohl in schulischen Belangen als auch im Handwerk ausgebildet. Insbesondere die Beschäftigungsanstalten für Kinder würden unserem heutigen kritischen Blick nicht mehr bestehen können. Wie kann man Kinderarbeit fördern? Leicht gesagt in einer Wohlstandsgesellschaft. Damals war dies

König Wilhelm I.

eine lebensrettende Maßnahme für viele der Betroffenen. Die »Zentralleitung für die freiwilligen Wohltätigkeitsvereine« gibt es übrigens heute noch. Sie nennt sich »Wohlfahrtswerk für Baden-Württemberg«, betreut etwa 2.000 Menschen und bekennt sich stolz zu ihrer Gründerin Königin Katharina.

Verdientes Geld zur Bank zu bringen und dafür Zinsen zu bekommen, war zu Zeiten der Leibeigenschaft allenfalls dem Adel und dem vermögenden Bürgertum vorbehalten. Nach Meinung von Königin Katharina war jedoch Vorsorge der beste Schutz gegen plötzliche Not. Deshalb ließ sie, gerade zehn Monate nach ihrem »Dienstantritt«, durch den Direktor der königlichen Hofbank ein Gutachten erarbeiten, wie man eine Bank für »Angehörige der unbemittelten arbeitenden Klassen« anlegen könnte. Im Mai 1818 wurde mit Genehmigung des Königs die »Württembergische Sparkasse« eröffnet, die heute in der Landesbank Baden-Württemberg weiterlebt.

Für Mädchen aller Stände schuf Katharina mit dem nach ihrem frühen Tod nach ihr benannten »Katharinenstift« eine höhere Bildungsanstalt. Bis dato konnten nur Abkömmlinge von adeligen Familien eine derartige Schule besuchen. Selbst die Geschlechtsgenossinnen Katharinas waren nicht alle von der Idee begeistert, galten doch »gescheite« Töchter als schlecht für die Ehe vermittelbar.

Königin Katharina.

Besonders schlecht war bis ins 19. Jahrhundert die Krankenversorgung, insbesondere von wenig begüterten Patienten. Entweder man wurde Zuhause mit mehr oder weniger gut helfenden Hausmittelchen gepflegt oder man kam ins Siechenhaus. Das lag in Stuttgart nicht ohne Grund neben dem Friedhof an der Lazarettstraße. Nur Reiche konnten sich Ärzte leisten, Krankenhäuser entstanden erst später. Die Idee Königin Katharinas, »auf einem freien Punkte außerhalb der Stadt, von Gärten umgeben, in gesunder Luft, ein kostbares, geräumiges und schönes Krankenhaus für Dienstboten, Handwerksburschen und ähnliche Bedürftige, dessen Organisation und Ausstattung ausgezeichnet ist« zu schaffen, fand allgemeine Zustimmung. Aus allen Bevölkerungsschichten wurde Geld für diesen Zweck gespendet und das »Katharinenhospital« konnte als Stiftung des württembergischen Königshauses, der Stadt Stuttgart und der vielen Spender am 9. Januar 1828, dem 9. Todestag der beliebten Königin, eingeweiht werden.

Die Liebe höret nimmer auf

Königin Katharina war leider nur ein kurzes Leben vergönnt. Sie war erst 30 Jahre alt, als sie nach kurzer und heftiger Krankheit am 9. Januar 1819 in Stuttgart verstarb. Die Todesursache war eine Gürtelrose und eine Lungenentzündung. Immer wieder wird behauptet, dass sie sich stark erkältet hätte, als sie am 3. Januar 1819 ihren Ehemann bei einem Seitensprung im Schloss von Scharnhausen ertappte und an diesem kalten Wintertag im offenen Wagen nach Stuttgart zurückgefahren sei. Das ist jedoch nicht durch Dokumente belegt. Einer ihrer Lieblingsplätze Katharinas war die alte Stammburg auf dem Württemberg. Um sie dort beisetzen zu können, ließ der König die Burg abbrechen und durch seinen Hofarchitekten Giovanni Salucci eine Grabkapelle im klassizistischen Stil errichten. König Wilhelm I. überlebte Katharina um 45 Jahre. In dritter Ehe war er mit Pauline verheiratet, die ihm den Thronfolger Karl gebar. Nach seinem Tode am 25. Juni 1864 ließ er sich jedoch in einem marmornen Doppel-Sarkophag neben seiner zweiten Frau Katharina beisetzen. Neben den beiden ruht die gemeinsame Tochter Marie in der Gruft der Grabkapelle auf dem Württemberg.

Das Cannstatter Volksfest

Die Gründung des »Landwirthschaftlichen Festes«

Wie im vorangegangen Kapitel dargestellt, förderte das Königspaar Wilhelm I. und Katharina alles, was das Land voranbrachte. Das betraf zunächst vor allem die Landwirtschaft. Mit der Abschaffung der Leibeigenschaft erhielten die Bauern Selbstverantwortung und Motivation. Die Einführung von modernen Anbau- und Landpflegetechniken wurde unterstützt. In erster Linie war es aber wichtig, die Bauern davon zu überzeugen, dass Monokulturen und althergebrachte Techniken nicht zukunftsfähig sind.

Für die Vermittlung solcher Erkenntnisse erschien eine Vereinsstruktur am besten geeignet. Am 1. August 1817 wurde zu diesem Zweck die »Centralstelle des Landwirthschaftlichen Vereins« gegründet, von der aus wiederum über Zweigvereine im ganzen Land Aufbauarbeit betrieben werden sollte. Unter dem Grundsatz »Der wesentliche Wohlstand Württembergs beruht auf Erzeugnissen seines Bodens. Nicht die Gewinnung der größtmöglichen, sondern zugleich der nützlichsten Produktionsmasse ist die Aufgabe«, wurden die Aufgaben der Centralstelle wie folgt formuliert:

1. Belebung und Verbreitung der landwirtschaftlichen Industrie und des ökonomischen Wohlstands.

2. Austausch von Erfahrungen, sofern sie von Allgemeininteresse sind.

3. Einwirkung des Staates bei der Beseitigung von Hindernissen.

4. Um dem ganzen Institute ein festes und dauerhaftes

Fundament zu geben, steht der Centralstelle eine landwirtschaftliche Unterrichts- und Versuchsanstalt in Verbindung.

5. Prämien für landwirtschaftliche, viehzüchterische und industrielle Erzeugnisse.

6. Schaffung einer Fachzeitschrift.

7. Ausrichtung eines landwirtschaftlichen Festes.

Damit war mit Aufgabe 4 auch die Gründung der landwirtschaftlichen Hochschule, die wir heute als Universität Hohenheim kennen, angeordnet. Es war wichtig, Landwirtschaft auch

Bekanntmachung vom 31. März 1818.

Die Gründung des »Landwirthschaftlichen Festes« 121

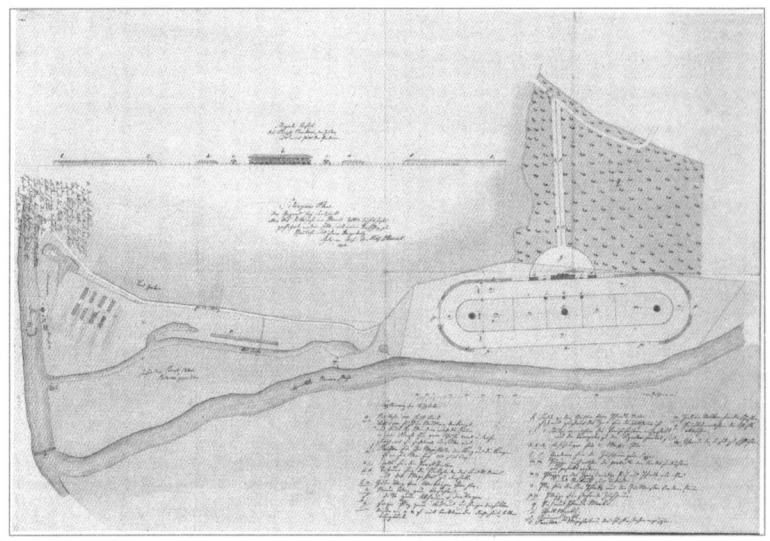

Grundrissplan des Landwirthschaftlichen Festes 1818 von Nikolaus von Thouret.

wissenschaftlich zu erforschen und in einen internationalen Austausch zu treten. Am 20. November 1818 wurde die »landwirtschaftliche Unterrichts-, Versuchs- und Musteranstalt« in Hohenheim eröffnet. Erster Direktor war Johann Nepomuk Hubert Schwerz, dem zwei weitere Lehrer zur Seite standen. Die 16 ersten Schüler wurden in Landwirtschaft, Chemie, Mineralogie und Botanik sowie Mathematik und Physik unterrichtet. Die Anstalt wurde als eine Art Gutsbetrieb mit eigener Organisation und Rechnungsführung betrieben. Von Anfang an war eine Waisenanstalt und eine Ackerbauschule dem Institut angegliedert. Ab 1819 wurden in der ersten Ackergerätefabrik in Süddeutschland die neu entwickelten landwirtschaftlichen Gerätschaften produziert, insbesondere der sogenannte Schwerz-Pflug. Der von Direktor Schwerz entwickelte Eisenpflug ersetzte die bis dahin weitgehend üblichen Holzpflüge und sorgte für eine bessere Durchpflügung der Ackerflächen im Sinne guter Ernteergebnisse.

Mit Aufgabe 7 wurde der »Centralstelle des Landwirthschaftlichen Vereins« die Durchführung eines landwirtschaftlichen Festes übertragen. Bereits im September 1817 stand das Programm im Wesentlichen fest und musste nur noch von König Wilhelm I. genehmigt werden. Schließlich erfolgte die Bekanntgabe am 31. März 1818 im königlich-württembergischen Staats- und Regierungsblatt.

Entsprechend dieser Bekanntmachung fand das erste Fest am Montag, 28. September 1818, auf dem Cannstatter Wasen statt.

Die Fruchtsäule

Seit dem Jahr 1818 ist die Fruchtsäule das Symbol des Cannstatter Volksfestes und erinnert an dessen ursprüngliche Gründung als Landwirtschaftliches Hauptfest, bei dem das Volksfest eher das vergnügliche Beiwerk war. Die Bedeutung der Fruchtsäule beschreibt der wissenschaftliche Leiter des »Königlich statistisch-topographischen Bureaus« und Erfinder der Oberamtsbeschreibungen, Johann Daniel Georg von Memminger, in seinem Text über das erste Fest im Jahr 1818 trefflich: »Von den Bauwerken des Festplatzes möchten wir ganz besonders die von Thouret ausgeführte Fruchtsäule erwähnen. Sie ist zum Wahrzeichen des Volksfestes geworden«.

Mit der Gesamtgestaltung der Festanlage war der langjährige königliche Hofbaumeister und Stuttgarter Stadtplaner Nikolaus von Thouret betraut worden. Als dem damals zeitgemäßen Baustil des Klassizismus verschriebener Architekt sah er in der, für diesen Baustil typischen Säulenform, die nötige Erhabenheit, die einem königlichen Erntedankfest angemessen war. Thouret ließ es sich bis ins hohe Alter nicht nehmen, jedes Jahr die Fruchtsäule in neuer Weise mit Früchten und Gemüsen zu gestalten. »Stundenweit« war sie von den Hängen des Neckartales zu sehen. Kein Wunder, gab es doch damals keine Riesenräder oder hohen Bierzelte, die den Blick auf die Erhabene versperrt hätten.

Die Fruchtsäule

Das »Amts- und Intelligenzblatt für das Oberamt Cannstatt« veröffentlichte anlässlich des 40. Volksfestes im Jahr 1868 ein Gedicht eines unbekannten Poeten über das Symbol des Festes:

Die Fruchtsäule

Auf des Wasens weitem Plane
Hebt sich hoch und reich geschmückt
Wiederum die Volksfestsäule,
Die uns schon so oft entzückt.
Denn sie ist ein Bild des Königs,
Dem zu Ehren sie besteht,
Drum wird jeder Schwab' sich freuen,
Wenn er dran vorübergeht.
Nichts von Gold und eitlem Tande
Findest Du bis 'nauf an ihr,
Nur des Landes schönste Gaben
Sind auch ihre schönste Zier.
In der Krone prangen Früchte
Als der Arbeit bester Preis,
Gleich wie auch die größte Perle
Seiner Kron' - des Volkes Fleiß!
Sinnig unterm Säulenfuße
Ist ein sichres Postament,
Nicht von dem papiernen Schmucke,
wie ihn jetzt der Zeitgeist kennt.
Nein, vom Forst lebendig Grünes,
Garben von dem Ackerfeld,
Wozu dann sich noch das Beste
Von der Industrie gesellt.
Säulen, die auf solchem Grunde
Mitten in dem Volke stehn,
Trotzen allen schmutz'gen Wogen,
Die daran vorübergehn.
Denn sie treiben ihre Wurzeln
in das Herz des Bessern ein,
Wollend nur, von allen Guten,
Herzlich, treu geliebt zu sein.
Darum, schöne Säul', erfreue
Viele Jahr' noch unsern Blick,
und der Fürst, dem Du zu Ehren:
Lebe hoch, in langem Glück!

Nicht nur zu Nikolaus von Thourets Zeiten, auch danach sah man die Fruchtsäule öfters in neuer Gestaltung: So wurde der Sockel beispielsweise zum Ausstellungsraum oder in heutigen Tagen zum Informationsbüro umgestaltet. Nach dem gewonnen Krieg gegen Frankreich im Jahr 1871 zierte die Fruchtsäule die Siegesgöttin »Wirtembergia mit Siegeskranz« und am Fuße standen Büsten von König Karl und Königin Olga. Im Jahr 1901 gestaltete man die Säule angesichts der schlechten Ernte nicht mit Feldfrüchten und Obst, sondern demonstrierte an ihr sinnigerweise Methoden der Unkrautbekämpfung. Im Jahr darauf entstand neben Fruchtsäule und Königspavillon ein Ehrentor, das wie ein altes Burgtor aussah. Die Rückwand des Pavillons war in Gestalt einer Burgruine geformt »mit hübschen Söllern, Zinnen und Rundtürmchen«.

Mit der Wandlung des Staates von der Monarchie zur Republik sollten auch die »Erinnerungssymbole« an die Monarchen verschwinden. Man gestaltete zum ersten Volksfest nach dem

Fruchtsäule 2016.

Ersten Weltkrieg im Jahr 1924 ein Eingangstor in moderner kubistischer Form. Die Formen der Moderne haben in den 1920er Jahren zu manchen Bauten in Stuttgart geführt, allen voran die Weißenhofsiedlung im Jahr 1927. Für das Volksfest wurde diese Ästhetik jedoch nicht als passend empfunden. Die Untertürkheimer Zeitung schrieb damals: »Ja – auch die Bauern werden modern, mancher aber wird den Kopf schütteln«.

Die Nationalsozialisten stellten die Fruchtsäule wieder in die Mitte der »Ernährungsschlacht« und setzten ihr ein Hakenkreuz auf die Spitze. Während der Notzeiten nach dem Zweiten Weltkrieg hätten viele nicht verstanden, wenn man Obst und Früchte und damit dringend benötigte Nahrung als Gestaltungsmittel verwendet hätte. Erst im Jahr 1953 konnte man sich derartiges wieder erlauben und man schmückte die Fruchtsäule mit 2.500 Kilogramm Gemüse und Obst.

Im Jahr 1976 kam es zum Eklat, als sich die Stadt Stuttgart erfrechte, nach allen vier Himmelsrichtungen Stuttgarter »Rössle« (Rösser) an der Spitze der Säule anzubringen. Die erbosten Cannstatter schrieben einige Leserbriefe und sorgten schließlich dafür, dass im Jahr darauf unter dem Kapitell der Säule vier Cannstatter Stadtwappen montiert wurden.

Die Fruchtsäule mit Sockelbau wurde zum Volksfest des Jahres 2000 gänzlich saniert. Die 26 Meter hohe und 3,5 Tonnen schwere Holzsäule steht heute auf dem touristischen Informationszentrum. Hier hat auch der Volksfestverein während des Festes seinen Standort. Ungeschmückt bleibt die Säule nun das ganze Jahr stehen. Doch was heißt »ungeschmückt«? Das Jahr über trägt die Säule das Symbol Bad Cannstatts, die Stadtkanne.

Die Fruchtsäule gilt als perfekter Ort für Verabredungen. Hier kann man sich nicht verfehlen. So ist es sicher nicht übertrieben, wenn man von Millionen Volksfestbesuchern spricht, die sich im Laufe der letzten 200 Jahre hier verabredet und gefunden haben.

Das Cannstatter Volksfest im Dritten Reich

Die nationalsozialistischen Machthaber hatten keinen allzu großen Sinn für das vergnügliche Fest. Selbst das zugrundeliegende Thema Landwirtschaft wurde nur bei einem einzigen Landwirtschaftlichen Hauptfest im Jahr 1935 abgehandelt. Und das wahrscheinlich auch nur, weil damals das Volksfest zum 100. Mal stattfand. Ansonsten veranstaltete man auf dem Marktplatz vor dem Stuttgarter Rathaus Erntedankmärkte in Verbindung mit politischen Kundgebungen.

Im Jahr 1933, also dem »Jahr der Machtergreifung« durch die Nationalsozialisten, fand kein Volksfest statt. Man wollte den neu geschaffenen »Deutschen Erntedanktag« feierlicher begehen. In Cannstatt wurde am 27. September nur der Septembermarkt als Vieh-, Fass-, Kübler- und Holzmarkt abgehalten. Am 1. Oktober jedoch, am ersten Sonntag nach Michaelis (29. September), auf den der Deutsche Erntedanktag festgelegt wurde, feierte man mit vier Festzügen, von denen die Bauern und die Weingärtner die Hauptfestzüge stellten und mit 45 beteiligten Vereinen. Die Festzugsteilnehmer und Tausende von Stuttgartern trafen sich zu einer Abschlusskundgebung auf dem Cannstatter Wasen. Dabei bezeichnete der NSDAP-Kreisleiter Otto Maier das Bauerntum als »Urquell der nationalen Kraft«. Über Lautsprecher und als Höhepunkt der Veranstaltung wurden die Reden von Adolf Hitler und dem Reichsbauernführer Walter Darré auf dem Bückeberg bei Hameln übertragen. Schon vormittags fand auf dem Stuttgarter Marktplatz ein Erntedankgottesdienst statt, an dem auch Abordnungen der Reichswehr, der Frontkämpferorganisation Stahlhelm, der SA und der SS sowie der Polizei teilnahmen.

Im Jahr 1934 fand das Volksfest wieder statt und zwar länger als je zuvor. Zehn Tage wurde auf dem Wasen gefeiert. Der Oberbürgermeister Dr. Strölin legte Wert auf einen »gehobenen Charakter des Festes, das in ansprechender und würdiger Form begangen werden soll«. Damals zogen erstmals »künstlerisch«

Das Cannstatter Volksfest im Dritten Reich

Fruchtsäule 1936

geschmückte Pferdegespanne von den Brauereien der Stuttgarter Innenstadt und der damals noch selbstständigen Gemeinde Vaihingen auf den Fildern zum Cannstatter Wasen.

Nach dem Oberbürgermeister sprach der Landesschützenmeister Karl Hengerer, dann ertönte das Deutschlandlied gefolgt vom Horst-Wessel-Lied und Böllerschüsse beendeten die offizielle Eröffnungszeremonie. Die Bevölkerung ergötzte sich am nächsten Tag, dem sogenannten »Volksflugtag«, an den Kunstflügen von Segel- und Motorflugzeugen, die auf dem Wasen gestartet waren. Sogar einen vom Luftamt extra genehmigten Fallschirmabsprung konnte man erleben. Ein Sitzplatz auf der Tribüne der Festwiese kostete 1,50 Reichsmark Eintritt.

Am Deutschen Erntedanktag, dem 30. September, zog ein Festzug mit sieben Erntedankwagen und der berittenen Stadtgarde an der Spitze zum Cannstatter Wasen. Wie im vergangenen Jahr wurde wieder die Reichsfeier auf dem Bückeberg bei Hameln und die Rede Adolf Hitlers übertragen. Während seiner Rede wurden sämtliche Volksfest-Veranstaltungen und Fahrgeschäfte sowie der Bierausschank unterbrochen.

1935 – *Die Schlacht auf dem Wasen*

In diesem Jahr wurde das Cannstatter Volksfest vollends militärisch bestimmt. Obwohl nach langer Zeit wieder ein als »Erzeugungsschlacht« bezeichnetes Landwirtschaftliches Hauptfest stattfand, gehörten diesmal auch Vorführungen des Heeres und der Luftwaffe zu den Veranstaltungen. Laut dem Bericht »Die Schlacht auf dem Wasen« des Schwäbischen Merkurs, schauten allein 160.000 Menschen den Gefechtsübungen des Heeres zu. 150.000 Stehplatzkarten wurden verkauft. Im NS-Kurier war gar von 200.000 »jubelnden Volksgenossen« die Rede. Die Fliegerstaffel Göppingen begeisterte mit einem Manövergefecht. Die Jagdstaffel griff eine Industrieattrappe an, die wiederum mit Flakgeschützen verteidigt wurde. Letztendlich gewannen sowohl die Angreifer als auch die Abwehr den Kampf. Die Flieger waren vertrieben und die Industrieattrappe ging in Flammen auf. Viele Bürger griffen ebenfalls zur Waffe. In der amtlichen Chronik ist von 4.000 Teilnehmern beim »Volks-Wettschießen« die Rede, von denen die Mehrheit keiner Schützengesellschaft angehört habe. Zum Eröffnungstag wurde die Beflaggung sowohl öffentlicher als auch privater Gebäude angeordnet. Dabei bestand die Anordnung ausschließlich Hakenkreuzflaggen aufzuziehen.

Das 101. Cannstatter Volksfest im Jahr 1936 begann am 19. September bei strömendem Regen. Als Haupteingang wurde bei der König-Karls-Brücke ein Triumphbogen errichtet, der vom neuen Stuttgarter Wahrzeichen, dem »Glückhaften Schiff« der Auslandsdeutschen gekrönt war. Der Reichsstatthalter Murr hatte der Stadt diesen Beinamen gegeben. Auch die Hauptstadt »seines« Gaus sollte einen Ehrentitel besitzen, so wie München »Stadt der Bewegung« oder Nürnberg »Stadt der Reichsparteitage« genannt wurde. Oberbürgermeister Strölin und die Stadtverwaltung hatten sich den Namen gleich zu eigen gemacht, auf Briefköpfe gedruckt und das »Glückhafte Schiff« an verschiedenen Bauwerken angebracht. So beispielsweise am Stuttgarter Waisenhaus, in dem sich das im Dritten Reich gleichgeschaltete Deutsche Auslands-Institut befand (heute ifa-Institut für Auslandsbeziehungen). Man kann das Schiff heute noch über dem Eingang vom Karlsplatz her sehen.

Auf dem Wasen fand am Eröffnungstag ein außerordentlicher Gauturntag statt, bei dem feierlich bekanntgegeben wurde, dass nun das Turngau Württemberg aufgelöst und Teil des »Reichsbundes für Leibesübungen« geworden sei. Außerdem eröffnete Oberbürgermeister Strölin das württembergische Landesschießen.

Am nächsten Tag führte der sogenannte »Schwaben-Festzug« von der Rotebühlkaserne zum Cannstatter Wasen, wo ein Reit- und Fahrturnier stattfand. Über die Volksfesttage hatte man eine sogenannte »Ludwigs-Eisenbahn« aufgebaut. Der Nachbau der ersten Eisenbahn, einer Adler-Lok mit fünf Waggons, die im Dezember 1835 von Nürnberg nach Fürth fuhr, beförderte Interessierte auf der 825 Meter langen Strecke hin und her. Innerhalb von zwei Tagen waren bereits 20.000 Fahrkarten zu je 40 Pfennig verkauft.

1937 – Der Cannstatter Wasen bekommt die Schwabenhalle

In den Vorkriegsjahren brauchte man offensichtlich wichtige Materialien, wie beispielsweise Eisen, bereits für die Vorbereitungen des Krieges. So musste wegen Eisenmangels die Schwabenhalle aus Holz erbaut werden. Auf dem Cannstatter Wasen entstand auf dem vormaligen Vereinsgelände des VfB eine 160 Meter lange, 64 Meter breite und 29 Meter hohe Halle, in der sich 20.000 Sitzplätze befanden. Derartiges wäre heutzutage aus Brandschutzgründen undenkbar.

Die Schwabenhalle war in diesen Zeiten natürlich nicht nur für sportliche Veranstaltungen vorgesehen. Auch die Politik machte sich die große Halle zunutze. Wenige Tage nach der Eröffnung am 28. August 1937 hatte der Oberbefehlshaber der Luftwaffe, Reichsminister Hermann Göring bei der fünften Reichstagung der Auslands-Organisation der NSDAP einen großen Auftritt. Interessanterweise war der Bau der Schwabenhalle damals gegen die Vierjahresplanbehörde durchgesetzt worden. Göring wurde kurze Zeit später der Beauftragte für den Vierjahresplan und damit der auch oberste Wirtschaftsführer des Reiches.

Die Schwabenhalle.

Mit einem Festzug von der Rotebühlkaserne zum Cannstatter Wasen begann am 18. September 1937 das 102. Cannstatter Volksfest. Die Fruchtsäule erhielt ihren Platz auf dem »Ehrenhof« vor der Schwabenhalle. Bei der Eröffnungsfeier ließ man 10.000 Brieftauben »aus allen Gauen des Reiches« aufsteigen. 86 Reichsbahn-

Sonderzüge brachten 450.000 Besucher von auswärts auf den Wasen, dessen Begleitprogramm ein Sängertag, ein Kindernachmittag mit Lampionfest, ein Sportfest für ältere Sportbegeisterte und ein Pferderennen zeigte. In der Schwabenhalle war über die Volksfestzeit die Ausstellung »Schaffendes Handwerk« zu sehen. Als das Volksfest am 27. September mit einem Feuerwerk endete, hatten 3,85 Millionen Menschen den Wasen besucht.

Das letzte Volksfest vor dem Krieg

Am 17. September 1938 begann das letzte Volksfest vor dem Krieg. Am Eröffnungstag überflog das neue Luftschiff »LZ 130« die Stadt und das Festgelände. In der Stadt und im Land waren jedoch viele Menschen bereits von Sorgen über die Zukunft geplagt. Kein Wunder, wurde doch in den Volksfesttagen eine Werbewoche der Reichsluftschutzbünde für die Volksgasmaske 37 durchgeführt. Chorgesang bestimmte die Festzeit. Am 20. September trafen sich 6.000 Sänger des Kreises Stuttgart in der Schwabenhalle und danach in den Festzelten. Am 24. September schloss die Tschechei ihre Grenzen nach Deutschland. Oberbürgermeister Strölin ließ das Feuerwerk zum Abschluss der Volksfestzeit ausfallen. Stattdessen wurde der entsprechende Geldbetrag dem Hilfswerk für die sudetendeutschen Flüchtlinge in Berlin gespendet.

Im Jahr 1939 wurde kein Cannstatter Volksfest abgehalten. Auf dem Wasen fand nur am 27. September ein Markt für Fass-, Kübler- und sonstige Holzwaren statt.

Bomben auf Bad Cannstatt

Am 21. Februar 1944 wurden der Bahnhofsbereich von Bad Cannstatt und das Wasengebiet stark getroffen. Insgesamt 550 Lancaster-Bomber der Royal Airforce hatten ihre tödliche Last über Feuerbach, Cannstatt und der Stuttgarter Innenstadt abgeworfen. Auch der Cannstatter Wasen glich danach einer Mondlandschaft. Am 16. Juli 1944 wurde Bad Cannstatt erneut angegriffen, diesmal von der amerikanischen Luftwaffe. Ziel waren insbesondere die Bahnanlagen. Der daneben gelegene Cannstatter Wasen bekam natürlich auch einige Bombentreffer ab. Insgesamt wurde Bad Cannstatt zwanzig Mal bombardiert. Noch im April 1945 sprengte die deutsche Armee die Neckarbrücken, um dem Feind das Überqueren des Flusses zu erschweren. Die französischen und die amerikanischen Truppen ließen sich dadurch natürlich nicht aufhalten. Zunächst besetzten die Franzosen die Neckarvorstadt und die Amerikaner die Bad Cannstatter Innenstadt. Am 7. Juli 1945 rückten die Franzosen ab und die Amerikaner übernahmen das ganze Stadtgebiet.

Der Cannstatter Wasen wurde zum Schutt- und Lagerplatz. Auf dem Seilerwasen wurde der dem Wiederaufbau hinderliche Trümmerschutt abgeladen, auf dem Hauptwasen hatte die amerikanische Armee ein Benzinlager und ein Holzlager für die IRO (International Refugee Organisation) eingerichtet. Zeitweise plante man, den ganzen Wasen als Auffüllplatz zu nutzen. Erst im Jahr 1952 stand das ganze Wasen-Gelände wieder zur Verfügung. Die Idee, anstelle der im Krieg zerstörten Stadthalle in der Neckarstraße und der ebenfalls zerstörten Schwabenhalle auf dem Cannstatter Wasen eine neue Halle zu bauen, wurde verworfen. Dieses Vorhaben wurde erst im Jahr 1983 mit der Hans-Martin-Schleyer-Halle realisiert.

Bräuche auf dem Wasen

Das Schiffer- bzw. Fischerstechen

Wie im Kapitel über den Neckar berichtet, hatte Cannstatt bereits zu Zeiten Herzog Eberhard Ludwigs, also ab 1713, einen Hafen und hier lag auch die sogenannte »Hauptlade der Fischer- und Schifferzunft«. In der Fischer- und Schifferordnung wurde im Jahr 1719 folgendes festgelegt: »Die Generalzusammenkunft aber belangend, soll Solche bey der Haupt-Laden alle drei Jahre, und zwar wegen des Schiffer-Stechens auf den Tag nach Petri und Pauli [also jeweils am 30. Juni] in Kannstadt stattfinden«. Die Idee kam wohl von Ulm, wo dieser Brauch heute noch alle paar Jahre stattfindet.

Fischerstechen 1955 und 2017.

Für den alljährlichen Zunfttag der Schiffer am 28. September stiftete König Wilhelm I. im Jahr 1818 erneut ein Schifferstechen, bei dem im Zusammenhang mit dem Landwirtschaftlichen Hauptfest die Schiffer Proben ihrer Kunst und Geschicklichkeit öffentlich zeigen konnten. Johann Daniel Georg von Memminger vermutete damals: »Wir erkennen in dem Schifferstechen ein ebenso wirksames Mittel zur Belebung eines Gewerbes, das – zumal in unseren Tagen, wo der Schiffahrt eine ganz neue Epoche blüht – für den vaterländischen Verkehr von größter Wichtigkeit ist«. Offensichtlich hatte der pragmatische König im Sinn, den Neckar im wirtschaftlich-gewerblichen Sinne her interessant zu machen, lange vor seiner Kanalisierung.

Wie Memminger weiter berichtet, traten die zwölf Wettbewerber in württembergischen, holländischen, russischen und englischen Nationalfarben gewandet gegeneinander an. »Der Schiedsrichter erschien in schwarzem Samt gekleidet mit dem Federnhut auf dem Kopfe und einem eigentümlichen Schwert bewaffnet«. Nachdem auf schwankenden Kähnen ein Sieger ausgefochten war, überreichte der Oberamtmann von Cannstatt im Beisein des Königspaares die Preise.

Das Spektakel war sehr beliebt: Es sollen damals mehr Menschen am Neckarufer gestanden haben, als auf dem Wasen selbst. Das Schifferstechen war immerhin ein gefährliches Unterfangen, denn es gab Verletzte. Im Jahr 1820 verzeichnet das »Württembergische Jahrbuch«: »Dagegen unterblieb bei der letzten Feier das Schifferstechen, das auch bei der Art, wie es getrieben wurde, für den Zuschauer eben so wenig angenehm, als es für die Gesundheit der Wettkämpfer zuträglich sein konnte«. Dieser Wettkampf fand erst einige Jahrzehnte später bei den sogenannten »Kleinen Volksfesten«, die während der Regierungszeit König Karls alle zwei Jahre von der Stadt Cannstatt veranstaltet wurden, wieder statt. Im Jahr 1883 veranstaltete man beispielsweise ein Feuerwerk und Gondelfahrten als Begleitprogramm zum Schifferstechen, an dem sogar Kämpfer aus Straßburg und Nürnberg teilnahmen.

Beim ersten Volksfest nach dem Ersten Weltkrieg im Jahr 1924 gab es wieder einen Wettkampf, der nun nicht mehr Schiffer- sondern Fischerstechen genannt wurde. 1927 wurde das Fischerstechen kurz vor Beginn abgesagt. Die Wettkämpfer hatten sich gerade dem Publikum vorgestellt, als ein fürchterlicher Wolkenbruch herniederging, der die Zuschauer vertrieb und dem Neckar ein Hochwasser bescherte. 1934 wurde zwar ein Fischerstechen veranstaltet, es war jedoch nicht einmal der städtischen Chronik einen Eintrag wert. Wahrscheinlich waren die Wettkämpfe bzw. die Teilnehmer nicht militärisch genug. Über das Reit- und Springturnier am Tag zuvor wurde nämlich berichtet, schließlich wurde das ja auch von der SA und der SS veranstaltet.

Nach dem Zweiten Weltkrieg erlebte der nasse Wettbewerb eine neue Renaissance. Beim zweiten Volksfest nach dem Krieg fing man bescheiden an und veranstaltete 1950 eine illuminierte Bootsfahrt. Im Jahr darauf bat das städtische Verkehrsamt den Brauchtumsverein Kübelesmarkt Bad Cannstatt und den Schwimmverein Cannstatt, ein Fischerstechen zu veranstalten. Die Wassershow zog mehr als 10.000 Zuschauer an die Neckarufer, auf die König-Karls-Brücke und auf den Berger Steg. Um besser sehen zu können, kletterten viele Zuschauer sogar auf Bäume und Lichtmasten entlang des Neckars. 1955 wurde das Spektakel um das Kübelesrennen erweitert, bei dem die Wettkämpfer in Holzkübeln mit ihren Händen um die Wette rudern.

Kübelesrennen 2017

Anfang der 1960er Jahre bemerkte man, dass das Gefährlichste am Fischerstechen wohl der Sturz ins Wasser war. Der Neckar wurde nämlich wegen hineingeleiteter Abwässer immer schmutziger. Schließlich verbot das Ordnungsamt die Veranstaltung aus gesundheitlichen Gründen.

Zwischenzeitlich ist jeder noch so kleine Ort und erst recht jede Fabrik im Land an ein Klärwerk angeschlossen und der Neckar ist ein relativ sauberer Fluss. Deshalb dürfen der Kübelesmarkt, der Schwimmverein Cannstatt und der Württembergische Anglerverein seit 1983 auch wieder Fischerstechen veranstalten. Dieser von 5.000 Zuschauern besuchten Auftaktveranstaltung folgten seither alle zwei Jahre die beliebten Wettkämpfe, die seit 1985 vor dem Ufer Mühlgrün stattfinden.

Im Jahr 2017 konnte man beim Fischerstechen am 23. Juli das 300-jährige Jubiläum der Veranstaltung feiern.

Die Pferderennen

Ob Bullen, Milchkühe, Schafe oder Pferde – bei den Landwirtschaftlichen Hauptfesten spielen die Vierbeiner immer eine herausragende Rolle. So war es von Anfang an. Das konnte auch Gottlieb Daimler nicht ändern, der im Jahr 1897 an seinem Stand auf dem Wasen auf Plakate schrieb, das »seine Gefährte und Motoren gute und genügsame Tiere seien und mit Sicherheit keine Maul- und Klauenseuche bekommen« würden. Ob in der Landwirtschaft, beim Militär oder im Speditionswesen, im 19. Jahrhundert war das Pferd stets der physische Antrieb. Natürlich forderte das förmlich den sportlichen Wettbewerb heraus. Und das schon seit Urzeiten. Pferderennen waren schon 700 v. Chr. Bestandteil der Olympischen Spiele der Antike.
Zudem fand der Adel ein besonderes Vergnügen darin, sich mit der Zucht edler Rennpferde zu befassen. Auch die württembergischen Könige machten hier keine Ausnahme. Deshalb ver-

fügte König Wilhelm I. in der Stiftungsurkunde des Landwirtschaftlichen Hauptfestes, dass »die geeigneten Anstalten zur Anstellung eines Pferderennens getroffen werden sollen. Zu Anstellung des Pferderennens wird eine Rennbahn ausgezeichnet, auch wird bestimmt werden, wie oft die Renner dieselbe zu umreiten haben. Die Rennpferde dürfen von keiner ausländischen Race seyn, weswegen sich die Concurrenten auszuweisen haben,

Pferderennen vor der Ehrentribüne.

daß ihre Pferde in Württemberg erzeugt und erzogen seyen«.

Diese Bedingung zeigt, dass der König in erster Linie weniger am sportlichen Wettkampf interessiert war, sondern vielmehr das Ziel vor Augen hatte, seine württembergischen Züchter in Konkurrenz untereinander zu setzten und damit die Pferdezucht im eigenen Land voranzubringen. Später wich man teilweise von diesem Grundsatz ab, indem man ein »Trabreiten für Pferde aller Länder« veranstaltete. Im Jahr 1907 nahm dabei beispielsweise der achtjährige Braunwallach »Abenteuer« aus dem damals ausländischen Fürstenfeldbruck teil.

Die Rennbahn hatte eine Länge von 3.200 Fuß, sprich etwas

mehr als 900 Meter. Sie musste dreimal umlaufen werden. Oftmals hatten die Leute von den Fildern, und unter ihnen insbesondere die Wolfschlugener, die schnellsten Renner. Nicht immer waren jedoch genügend wettbewerbsfähige Pferde vorhanden. Im »Württembergischen Jahrbuch« des Jahres 1821 wird folgendes bemerkt: »Das Pferderennen konnte bis jetzt um des Mangels willen an tauglichen Pferden und weil die Reiter selber noch zu wenig darauf geübt waren, keine hinreichende Befriedigung gewähren«.

Der Offiziers-Rennverein sorgte später für ausreichende Reiterqualitäten, insbesondere unter der Leitung von Prinz Hermann zu Sachsen-Weimar, dem Ehemann der Königstochter Auguste. Zu den Offiziersrennen kamen ab 1859 Bauernrennen, die bis zum Ersten Weltkrieg als Galopp- und Wagenrennen für Gebrauchspferde durchgeführt wurden. Insbesondere bei den Trabwagen-Rennen müssen sich die Zuschauer gefühlt haben, wie im römischen Zirkus bei Ben Hur. In der Zeitschrift »Die Gartenlaube« wird es im Jahr 1865 zumindest so beschrieben: »Die Rennen sind für die meisten der wesentliche Anziehungspunkt. Ich hätte nie geglaubt, dass sich einem bedächtigen und relativ nüchternen Volksstamme, wie es die Schwaben sind, eine solch leidenschaftliche Vorliebe für den Turf beibringen könne. Als die Renner vorbeiritten, welche Teilnahme, welche Diskussion! Man stritt, man wettete! Nach dem Rennen folgte das weit unterhaltendere Wagenrennen im Trab auf leichten einspännigen Karren. Ein Schauspiel, um dessentwillen ich hauptsächlich das Fest besuchte, das alle Zuschauer wahrhaft elektrisierte und zu lebhaften Erörterungen Anlass gab. Zum Schluss gewann von der heimischen Zuschauerschar umjubelt, ›ein Wirt aus Cannstatt auf einem feurigen Original-Araber‹«.

Mit dem Zusammenschluss der beiden Städte Stuttgart und Cannstatt am 1. April 1905 übernahm das Stadtschultheißenamt Stuttgart die Verantwortung für das Cannstatter Volksfest. Die Königliche Zentralstelle für die Landwirtschaft war aber weiterhin für die Durchführung einzelner Veranstaltungen zuständig. Weil der Cannstatter Wasen jedoch bis zum Ersten Weltkrieg militärisches Übungsgelände war, entstanden teilweise komplizierte Genehmigungsvorgänge. So informierte beispielsweise die Zentralstelle das Stadtschultheißenamt im Sommer 1906, dass für die Genehmigung der Nutzung eines Teils des Exerzierplatzes für das Arbeitspferderennen die Militärverwaltung zuständig sei und man sich diesbezüglich an das Königliche Gouvernement wenden solle, die Aufstellung der Tribünen jedoch gerne von der Zentralstelle übernommen werden könne.

Die bedeutenden Berufstitel der Preis- und Schiedsrichter des Rennens sind einer besonderen Erwähnung wert: Ehrenpräsident war Seine Exzellenz Herr Oberstallmeister Freiherr von Geyr-Schweppenburg, für die Abteilung »Schwere Pferde« fungierten beispielsweise Professor Dr. Gmelin, Ökonomierat Mayer, Oberstleutnant Spieß, Fabrikant Groß und der Königliche Hofspediteur Paul von Maur als Preis- und Schiedsrichter, neben weiteren verschiedenen Offizieren, Hoflieferanten und dem Königlichen Domänendirektor.

Kein Wunder, dass diese Kommission ihren Hunger und Durst nicht mit Bratwürsten und Bier stillen wollte. Danach entstand im Gemeinderat eine Diskussion über die »luxuriöse« Bewirtung, die insbesondere den Herren der Pferdeprüfungskommission zuteil wurde und zu der auch noch extra eine Musikkapelle gespielt habe. Der Champagner sei in Strömen geflossen, kalte Platten seien gereicht, aber nur wenig Wein sei getrunken worden – »wenig« heißt: etwa 20 bis 25 Flaschen. Man einigte sich letztendlich darauf, auch künftig der Kommission keine Schranken aufzuerlegen, »schließlich hätten die Kellner auch mitgetrunken, und man wusste nicht wie viel«.

Biergeschichte(n)
Bier in der Völkerkunde

Was ist älter: Wein oder Bier?

Dass der Weinanbau wohl im armenischen Kaukasus am Berg Ararat entstand, ist zwischenzeitlich wissenschaftlich gesichert. Auch die Bibel berichtet im Alten Testament, dass Noah, als er mit seiner Arche nach der Sintflut (wohl am Berg Ararat) gestrandet ist, zuerst einen Weinberg pflanzte (Genesis 9.20).

Im alten Babylon, in Ägypten und später in Griechenland war Wein jedoch stets das Getränk der Priester, der Philosophen, der Reichen – kurz gesagt der Oberschicht. Natürlich war der Weingenuss den Männern vorbehalten – noch 400 v. Chr. war im Römischen Reich Frauen bei Androhung der Todesstrafe das Weintrinken untersagt. Das Bier hingegen galt schon bei den alten Sumerern – die nachweislich schon vor 6.000 Jahren Bier oder ein bierähnliches Getränk, brauten – als eine Art Grundnahrungsmittel, insbesondere für die arme Bevölkerung. Im Laufe der Zeit entdeckten und verfeinerten die Babylonier, Ägypter, Griechen, Römer und auch die Germanen das Getränk, zumal auch die Oberschicht irgendwann dem Geschmack verfiel: Die antiken Römer importierten beispielsweise gutes gallisches Bier in jeden Winkel des Reichs.

Im Mittelalter erlebte das Bierbrauen erneut einen Höhepunkt. Man denke hier nur an die sehr zahlreichen Klosterbrauerein, die für den eigenen Bedarf (Bier galt als Fastenspeise!) sowie für den sehr lukrativen Verkauf brauten. Mancherorts konkurrierte Bier, in einer weniger alkoholhaltigen Art, sogar direkt mit Wasser als meistgenutztes Getränk. Das mag sicherlich auch an der Wasserqualität gelegen haben, zumal Bier durch den Brauvorgang und dann durch das Reinheitsgebot von 1516 ein schadstoffarmes Getränk war. Ein nicht zu unterschätzender Grund ist aber viel einfacher: Bier schmeckt besser, oder zumindest nach etwas.

Die Sumerer

Auch das Bierbrauen wurde wohl in Vorderasien erfunden. Davon berichtet der Gilgamesch-Epos, eine der ältesten literarischen Sammlungen auf der Welt, dessen Erzählungen in Mesopotamien, dem »Zweistromland« zwischen Tigris und Euphrat – dem heutigen Irak – handeln. Beispielsweise wird erzählt, dass sich der wilde Enkidu, ein zottiges Wesen, das sich in der Steppe von Gras ernährte, durch den Genuss von Bier in einen Menschen verwandelt hätte. Damit ist belegt, dass die Sumerer bereits Bier gebraut haben. Das Verfahren haben sie sogar in ihrer Keilschrift aufgeschrieben. Im Pariser Louvre liegen etwa 6.000 Jahre alte Tontäfelchen, auf denen notiert ist, wie aus den Weizenarten Emmer und Dinkel Bier gebraut wird. Man schätzt, dass die Sumerer fast ihre halbe Getreideernte zum Bierbrauen verwendet haben. Es gab viele Brauereien, in denen verschiedene Biersorten gebraut wurden. Manche Biere wurden durch die Beigabe von Honig oder Gewürzen noch »veredelt«.

Die Sumerer waren wohl ein lustiges Völkchen, soll doch jeder bis zu fünf Kannen Bier täglich getrunken haben. Damit auch die Priester mithalten konnten, wurden sie für ihre seelsorgerischen Dienste mit Bier und Brot bezahlt. Für eine Bestattung bekamen sie beispielsweise 80 Brote und drei Kannen Bier.

Heute zeigt das Biertrinken im Ballermann auf Mallorca fast mesopotamische Züge. Die Sumerer tranken mit Saugrohren aus großen Tongefäßen, ähnlich wie man heute im Ballermann mit Strohhalmen aus Eimern trinken kann. Damals lag die Ursache allerdings darin, dass in der trüben Bierbrühe allerhand herumschwamm, was man nicht mittrinken wollte. Wie Zeichnungen auf Tonscherben zeigen, wurde man in Gasthäusern auch schon zu Zeiten der Sumerer von leicht bekleideten Mädchen bedient.

Die Babylonier

Den Sumerern folgten die Babylonier, die die Kunst des Bierbrauens weiter veredelten. Nachdem der Hopfen als Braupflanze zu dieser Zeit noch nicht bekannt war, entstanden nur obergärige Biere, ähnlich dem heutigen Weizenbier. Auch bei den Babyloniern hatte jeder Anspruch auf ein tägliches Quantum Bier, einfache Leute weniger, die Oberschicht mehr. Allen genügte es jedoch für ihren täglichen Rausch. Um dessen Wirkung am nächsten Tag zu lindern, wurden allerhand Mittelchen zusammen mit dem Bier getrunken.

Die Ägypter

Von Babylon kam das Bier nach Ägypten. Auf den Wandmalereien in den ägyptischen Grabstätten kann man genau sehen, wie dort das Bier gebraut wurde. Zunächst formten sie gemahlenes Getreide zusammen mit Sauerteig zu Broten, die sie jedoch nicht buken. Die rohen Brote wurden dann einen Tag in Wasser gelegt und durchgeweicht. Dann wurden die aufgeweichten Brote über einem Sieb geknetet. Die weiße schaumige vergorene Flüssigkeit, die dann aus dem Sieb tropfte, trank man als Bier.

Die Ägypter verfeinerten den Trunk im Laufe der Jahrhunderte und brauten später sogar Starkbiere. Jeder trank es täglich, denn es war nicht wie der Wein nur der Oberschicht oder den Priestern vorbehalten. Es war tatsächlich »flüssiges Brot«, wie man noch heute manchmal zum Bier sagt. Man nannte es »Hek«, was soviel bedeutet wie »Nahrung«. Das ägyptische Schriftzeichen für »Mahlzeit« bedeutet exakt übersetzt »Brot-Bier«.

Die Griechen und Römer

Die alten Griechen lernten bei den Ägyptern das Bier zwar kennen, waren aber nicht so sehr davon begeistert. Sie brauten zwar unterschiedliche Biere, allerdings waren diese der Trunk der ärmeren Bevölkerungsschichten. Trotzdem befasste sich der Philosoph Aristoteles mit den Wirkungen des Getränks und bezeichnete Bier als sanften Schlaftrunk. Bei einem interessanten Vergleichsversuch mit Wein stellte er fest, dass ein vom Bier Trunkener immer nach hinten von der Bank fällt, ein vom Wein Trunkener dagegen nach allen Richtungen. Auch bei den Römern war Bier zunächst als Arme-Leute-Trunk verschrien. Allerdings ließ man sich nach den Eroberungen in Gallien von den Kelten eines Besseren belehren und transportierte sogar gutes gallisches Bier in andere Bereiche des römischen Reichs.

Die Germanen

Die alten Germanen waren zumeist des Lesens und Schreibens unkundig. Zumindest hatten sie keine eigenen Schriftzeichen wie die Keilschrift der Sumerer, die Hieroglyphen der Ägypter, die altgriechischen Schriftzeichen oder das lateinische Alphabet. Die Runenschrift entstand erst während des ersten Jahrtausends nach Christi Geburt. Insofern erfuhr man alles, was man heute über unsere »Vorfahren« – die germanischen Barbarenstämme – weiß, durch die Berichte anderer Völker.

Der römische Historiker Publius Cornelius Tacitus beschrieb die germanischen Stämme in seiner um 100 n. Chr. erschienenen Schrift »Germania«. Darin wundert er sich, wie man überhaupt freiwillig in einem derart rauen und trostlosen Land ohne Straßen, mit unfruchtbarem Boden und ohne wertvolle Bodenschätze, leben könne. Die Männer wären faul und ließen ihre Frauen die Arbeit machen. Nur im Kampf wären sie wild und tapfer. Allerdings würden sie im Gegensatz zu vielen Römern sittsam in ihren Familien leben und wären ihren Frauen treu.

Besonders erstaunt berichtet Tacitus über den Alkoholkonsum der Germanen und riesige Trinkhörner, die sie stets in Händen halten um daraus Bier und Met trinken. Er schließt daraus, dass sie »wohl Hunger und Kälte ertragen, nicht aber den Durst«. Allerdings folgt daraus auch seine Überlegung, »dass man sie ebenso gut durch die Lieferung berauschender Getränke überwinden könne wie durch Waffengewalt«.

Auch die Germanen brauten ihr Bier aus vergorenem Brot und das schon lange, bevor die Römer kamen. Belegt ist das durch die Funde in einem hallstattzeitlichen Gräberfeld im Pfarrholz bei Kasendorf. In einem Vorratskrug, der etwa aus der Zeit von 800 v. Chr. stammt, fand man Reste von Fladenbrotbier aus Weizen. Das Gefäß kann als »Bieramphore« im nahegelegenen Brauereimuseum Kulmbach bewundert werden.

Auch andernorts fanden sich in altgermanischen Gräbern Braugeräte. Um die Bierwürze zu sieden, warfen manche heiße Steine in den gefüllten Kessel, andere stellten große Bronzekessel über eine Feuerstelle. Ein paar der Kessel fassten bis zu 500 Liter.

Bis zum Ende des ersten Jahrtausends durfte jedermann Bier brauen. Das wurde um das 6. Jahrhundert, als in allen germanischen Gegenden die Rechte von Adel und Volk schriftlich niedergelegt wurden, überall als geltendes Recht verzeichnet. Obwohl die germanischen Stämme damals nach und nach zum Christentum übertraten, waren ihre alten Gebräuche noch lange parallel dazu üblich. Insbesondere Trinkopfer an den Göttervater Wotan für eine gute Ernte gab es noch bis ins 16. Jahrhundert.

Das war der Kirche natürlich ein Dorn im Auge. Schon der Missionar Columban, der im 7. Jahrhundert von Irland über

Frankreich an den Bodensee kam, hatte in seiner Ordensregel die Völlerei und den Trunk zum Rausch verdammt. Was man zu sich nehme, durfte nur der reinen Ernährung dienen. Wochenlang musste ohne feste Nahrung gefastet werden und nur Flüssiges konnte das Fasten nicht brechen.

Die Klöster

Damit wurde Bier als »flüssiges Brot« eine ideale Fastenspeise. Man pflanzte verstärkt Gerste an und achtete sehr auf die Qualität des Braugetreides. Weil die Mönche des Lesens kundig waren, studierten sie die römischen Schriften über die Braukunst und hatten entsprechende Erfolge: Klosterbier war viel besser als die Biere der dörflichen Brauereien. Das galt nicht nur für Männerklöster. Auch in Frauenklöstern wurde fleißig gebraut und die Fastenzeiten waren oftmals die lustigsten Wochen in den Klöstern.

Als schließlich der Hopfen als weitere Zutat entdeckt wurde, konnte das Bier länger haltbar gemacht werden.

Was die Trinkmengen anging, kann man heute nur staunen. Abt Ekkehard, der Abt des Klosters Sankt Gallen verfügte im 10. Jahrhundert, dass allen Mönchen täglich sieben Essen und fünf Maß Bier erlaubt waren. Zum Vesper konnte auch Wein getrunken werden. Als Maß galten damals etwa zwei Liter.

Der Vatikan betrachtete das Treiben in den deutschen Klöstern mit Missbilligung. In Rom galt nur Wein als kirchlich akzeptables Getränk. Um einem Verbot aus dem Weg zu gehen, wurde Bier von den deutschen Bischöfen kurzerhand zum Heiltrank erklärt und war als Medizin von Verboten ausgenommen.

In allen Klöstern entstanden daraufhin Brauereien. Im Norden Deutschlands, wo kein Wein wächst, sogar noch mehr als im Süden. Teilweise brauten sogar örtliche Pfarrer selbst Bier, um es dann in »Geistlichen Bierhöfen« zu verkaufen.

Das Klosterleben endet in vielen Ländern Deutschlands mit der Reformation. Damit gab es auch immer weniger Klosterbrauereien. In den Städten entstanden dafür Brauerzünfte, deren Brauereien die Versorgung übernahmen.

Bier panschen und das Reinheitsgebot von 1516

Möglicherweise waren die Mönche ehrlicher beim Bierbrauen als andere, es gibt jedenfalls kaum Berichte, dass in Klöstern Bier gepanscht oder anderweitig gestreckt worden wäre. Das geschah eher in privaten Brauereien und vor allem in Gasthöfen. Manchmal war auch das Braugetreide von schlechter Qualität oder es war nur Hafer dafür vorhanden. So versuchte man sich an allerhand Würzmethoden. Zum Mälzen braucht man eine stärkehaltige Pflanze, also probierte man es mit Hirse, Bohnen oder irgendwelchen Wurzeln. Damit das Bier nicht sauer wurde, würzte man es mit Fenchel, Wacholder oder Wermut, warf Nelken hinein oder Baumrinden. Wenn es dann trotzdem sauer geworden war, halfen Ochsengalle, Kreide oder gar Ruß, um es wieder trinkbar zu machen.

Die Städte und Fürsten versuchten bereits ab dem 12. Jahrhundert, derartige Untaten durch Gesetze zu verhindern. Im ältesten deutschen Stadtrecht, der »Justitia civitatis Augustensis«, das im Jahr 1156 in Augsburg erlassen wurde, steht beispielsweise: »Wenn ein Bierschenker schlechtes Bier macht oder ungerechtes Maß gibt, soll er gestraft werden. Überdies soll das Bier vernichtet und den Armen umsonst ausgeteilt werden«. Die Strafe von fünf Gulden war enorm, sie entsprach einer heutigen Kaufkraft von etwa 2.500 Euro.

In München wurde im Jahr 1363 eine »Bieraufsicht« gebildet, die von zwölf Mitgliedern des Stadtrates wahrgenommen wurde. 1447 wurde dann festgeschrieben, dass nur Gerste, Hopfen und Wasser zum Bierbrauen verwendet werden dürfe.

Im selben Jahr beauftragten die Regensburger ihren Stadtarzt, das in der Stadt gebraute Bier und seine Zutaten regelmäßig zu kontrollieren. Nachdem seine Berichte schlimme Umstände aufzeigten, gab die Stadt im Jahr 1453 eine Brauordnung heraus, nach der »weder Samen noch Gewürz oder Gestrüpp« zugesetzt werden durften.

Es wurde Zeit, dass eine überregionale Regelung landesweit für qualitätvolle Biere sorgte. Das geschah am 23. April 1516 auf dem Bayerischen Landständetag in Ingolstadt.

Hier trafen sich die Landadeligen und die Ritterschaft unter Herzog Wilhelm IV. »dem Standhaften« und dessen Bruder Ludwig X. von Bayern. Dabei wurde eine neue »Bayerische Landesordnung« zur Harmonisierung der unterschiedlichen Landrechte der bayerischen Teilherzogtümer erlassen. Dabei wurden auch die Bierpreise und die Zutaten für das Bierbrauen reguliert. So entstand das sogenannte »Bayerische Reinheitsgebot«:

<u>Wie das pier summer un winter auf dem Land sol geschenckt und prauen werden</u>

Item wir ordnen / setzen / und wöllen mit Rathe unnser Lanndtschaft / das füran allennthalben in dem Fürstenthumb Bayren / auf dem Lannde / auch in unnsern Stetten und Märckthen / da deßhalb hieuor kain sonndere Ordnung ist / von Michaelis bis auff Georij / ain Mass oder Kopfpiers über ainen Pfenning Müncher Werung / unnd von Sant Jörgentag / bis auff Michaelis / die mass über zwen Pfenning derselben Werung / unnd derennden der Kopf ist / über drey Haller / bey nachgesetzter Pene / nicht gegeben noch außgeschennckht sol werden. [...]

<u>Wir wöllen auch sonnderlichen / das füran allenthalben in unsern Stetten / Märckthen / unnd auf dem Lannde / zu kainem Pier / merer Stuckh / dann allain Gersten / Hopffen / und Wasser / genomen unnd gepraucht sölle werden.</u> *Welher aber dise unnsere Ordnung wissentlich überfaren unnd nit hallten würde / dem sol von seiner Gerichtzöbrigkait / dasselbig vas Pier / zuestraff unnachläßlich / so offt es geschicht / genomen werden.*

In unsere heutige Sprache übersetzt, lautet die Regelung wie folgt: »Wir verordnen, setzen und wollen mit dem Rat unserer Landschaft, dass forthin überall im Fürstentum Bayern sowohl auf dem Lande wie auch in unseren Städten und Märkten, die keine besondere Ordnung dafür haben, von Michaeli (29. September) bis Georgi (23. April) eine Maß oder ein Kopf (halbkugelförmiges Trinkgefäß mit Füßen – knapp eine Maß) Bier für nicht mehr als einen Pfennig Münchener Währung und von Georgi bis Michaeli die Maß für nicht mehr als zwei Pfennig derselben Währung, der Kopf für nicht mehr als drei Heller bei Androhung unten angeführter Strafe gegeben und ausgeschenkt werden soll. [...] <u>Ganz besonders wollen wir, dass forthin allenthalben in unseren Städten, Märkten und auf dem Lande zu keinem Bier mehr Stücke als allein Gerste, Hopfen und Wasser verwendet und gebraucht werden sollen.</u> Wer diese unsere Anordnung wissentlich übertritt und nicht einhält, dem soll von seiner Gerichtsobrigkeit zur Strafe dieses Fass Bier, so oft es vorkommt, unnachsichtlich weggenommen werden«.

Den Bestandteilen des Reinheitsgebotes kam später noch die Hefe als eigener, auf natürlicher Züchtung beruhender, Bestandteil hinzu.

Durch die Europäische Gesetzgebung ist das Reinheitsverbot heute nicht mehr verbindlich. Viele deutsche Brauereien unterwerfen sich jedoch freiwillig dieser ersten lebensmittelrechtlichen Vorschrift der Welt.

Brauereien in Stuttgart

In Stuttgart wird erst im Jahr 1630 von einer Brauerei berichtet. Damals lebten etwa 9.000 Einwohner in der Stadt, die auf allen Hängen mit über 1.200 Hektar Rebflächen umgeben war. Natürlich befürchteten die Weingärtner die neue Konkurrenz und machten entsprechende Eingaben an den württembergischen Hof. Im Jahr 1663 untersagte Herzog Eberhard III. schließlich das Bierbrauen. Das geschah allerdings gegen sein eigenes Interesse, denn auch bei Hofe wurde gerne Bier getrunken. Also wurde zur Versorgung des Hofes eine Braustätte eingerichtet. Privatleute holten sich ihr Bier von außerhalb, beispielsweise von Kaltental, wo im Schloss zu dieser Zeit ein Brauhaus bestand. Mit auswärtigem Bier wurde ab 1709 auch die erste Bierwirtschaft in Stuttgart versorgt – der Goldene Becher in der Marktstraße 7. Den Gasthof gab es bereits seit dem 15. Jahrhundert und Kaiser Karl V. soll im Jahr 1532 sogar dort verweilt haben.

Ob der Bierausschank allerdings sehr erfolgreich war, ist nicht überliefert. Das Bier war nämlich nahezu doppelt so teuer als der in Stuttgart in Hülle und Fülle vorhandene Wein. Das lag unter anderem an den hohen Abgaben, die für eingeführtes Bier bezahlt werden mussten. Damit dem Zoll auch ja kein Fass entging, wurde noch im Jahr 1899 in der Städtischen Bier-Abgabe-Ordnung genau vorgeschrieben, auf welchen Straßen ausschließlich Bier in die Stadt »eingebracht« und an den dort eingerichteten »Verbrauchssteuerstellen« versteuert werden musste: Erlaubte Straßen waren die Ludwigsburger (heute Heilbronner) Straße, die Straße von Cannstatt her, die Straße von Wangen nach Gaisburg, die Neue Weinsteige, die Kaltentaler Straße, die Rotenwaldstraße und die Straße von Botnang her.

Ein Mann namens Johann Wagner erwarb im Jahr 1715 die herzogliche Brauerei und verlagerte sie vor das Seeltor. Sie stand ungefähr dort, wo heute die Christophstraße in die Tübinger Straße mündet – in damaliger Zeit also vor der Stadtmauer. Hundert Jahre später entstand in dieser Gegend das Gerberviertel. Die Brauerei nannte sich »Herrschaftliches Bierhaus«.

Nach einem Rechtsstreit im Jahr 1798 ließ sich das herzogliche Brauereimonopol in Stuttgart nicht weiter durchhalten und bürgerliche Brauereien entstanden. Das Herrschaftliche Bierhaus wurde 1815 von dem Bierbrauer, Wirt und Stadtrat Johann

Jakob Denninger erworben und in »Denninger´sche Brauerei« umbenannt. 1813, also zwei Jahre vorher, hatte August Kolb in der Militärstraße (heute Breitscheidstraße) vor der Stadt ebenfalls eine Brauerei, die »Tivoli-Brauerei«, gegründet. Letztendlich wurden beide Brauereien von einem Apotheker übernommen, der in Cannstatt die Kronenapotheke betrieb. Er heiratete die Tochter von Denninger und legte beide Betriebe zur »Franz Bardilische Brauerei« zusammen.

Der Brauer Paul Kolb erwarb 1844 eine Braustätte an der Alten Weinsteige, zu der das Gasthaus »Zur goldenen Traube« gehörte. Die Kolbstraße trägt seinen Namen. 1859 wurde an der Neckarstraße die »Brauerei Wulle« gegründet, drei weitere Brauereien standen im direkten Umfeld. 1872 entstand an der Böblinger Straße die Brauerei Münz, aus der 1923 zusammen mit Tivoli die »Stuttgarter Hofbräu AG« wurde. In der Eberhardstraße 49 stand die »Brauerei Ferdinand Weiß« und in der Hasenbergstraße der Ableger der Tübinger »Brauerei Bachner«. Im Jahr 1903 gründete David Sanwald in der Silberburgstraße seine Weißbierbrauerei.

Das Gaststättenverzeichnis aus dem Jahr 1847 verzeichnet für Stuttgart 14 Brauereien. Dazu kamen die Brauereien, die damals

Tivoli-Brauerei, Militärstraße 18 in Stuttgart.

Brauerei J. G. Grüner, Cannstatt.

außerhalb Stuttgarts lagen: Zwei Brauereien bestanden um 1900 in Plieningen, seit 1876 stand in Feuerbach die »Siegelberg-Brauerei« und in Möhringen die »Brauerei Widmaier«. Beide wurden später von Wulle gekauft. Sogar das Königlich-Technologische - Institut der Akademie Hohenheim verfügte über eine Brauerei, die zu Studienzwecken jährlich 1.000 Hektoliter Bier braute. Zum Studium gehörte natürlich auch der Genuss.

Im Jahr 1867 wurde auch in Cannstatt eine Brauerei gegründet, die 1903 als »Brauerei Cannstatt J. G. Grüner« firmierte und jährlich immerhin 30.000 Hektoliter Bier produzierte. In der Beschreibung des Oberamts Cannstatt von 1895 wurde sie als »Bedeutender Betrieb« aufgeführt.

Hundert Jahre später waren schon die meisten Namen vergessen oder durch Fusionen und Aufkäufe in andere Firmen übergegangen. Fast niemand weiß, dass am Platz des Tivoli-Parkhauses an der Seidenstraße einstmals eine große Brauerei stand, die noch 1907 etwa 117.000 Hektoliter Bier umsetzte.

Für den Trend zu Großbrauereien sind verschiedene Ursachen verantwortlich, die schon Ende des 19. Jahrhunderts zur

Konzentration führten. Dazu gehörte die Transportmöglichkeit durch die Eisenbahn, die Erfindung der Eismaschine 1873 und die Erfindung des Flaschenbiers. Der Umbau der Brauereien zu hochtechnischen Fabrikationen konnte nur von Aktiengesellschaften finanziert werden, die wiederum in der ständigen Expansion ihren Gewinn suchten.

In den 1960er Jahren gab es noch vier große Brauereien in Stuttgart: Dinkelacker, Stuttgarter Hofbräu, Schwabenbräu und Wulle.

Die Aktienbrauerei Wulle

Bierbrauer Ernst Imanuel Wulle eröffnete im Jahr 1861 in der Neckarstraße seine Brauerei und ließ daneben später einen Anbau für die Brauereigaststätte, einen Saalbau mit dem sogenannten »Bürgersaal« und weiteren Festräumen erstellen. Der »Bürgersaal« war Schauplatz unterschiedlicher Gastspiele. Sieben Jahre vor der Machtergreifung traten beispielsweise Hitler und Goebbels parallel in den Sälen des Wulle-Baus auf. Das Schlusswort Hitlers hätte »wie ein Maschinengewehr geknallt«, schrieb Goebbels in seinem Tagebuch.

Viel weniger militärisch war der Auftritt von Arnold Schwarzenegger im Jahr 1965. Der damals 18-Jährige war zu diesem Zeitpunkt Soldat, stieg aber über die österreichische Kasernenmauer und »desertierte« nach Stuttgart, um hier an den »Internationalen Herbstmeisterschaften der Bodybuilder« teilnehmen zu können. Tatsächlich wurde er von der johlenden Menge zum »Bestgebauten Athleten der Junioren« gekürt. Seine militärischen Vorgesetzten hatten nicht viel Verständnis für seine neue Berühmtheit. Sie brummten ihm 14 Tage Arrest auf. Bereits im Jahr darauf wurde er wiederum im Wulle-Saal als »Bestgebauter Athlet der Seniorenklasse« gekürt, ein weiteres Jahr später war er in Stuttgart bereits Gaststar und bekam in London seinen ersten Weltmeistertitel.

Trotz des prägnanten Werbeslogans »Wir wollen Wulle, weil Wulle wirklich wohlbekömmlich wirkt« kam 1971 das Ende der Brauerei. Dinkelacker kaufte Wulle auf und legte die Brauerei an der Neckarstraße still. Ab 1988 entstand hier das Hotel »Le Meridien« sowie Gebäude für das Umweltministerium und das Ministerium für Ländlichen Raum und Verbraucherschutz.

Im Jahr 2008 erfuhr die Traditionsmarke jedoch eine Art Wiederauferstehung. Die Dinkelacker AG präsentierte auf der Fachmesse »Intergastra« den nach dem Originalrezept gebrauten Gerstensaft in der Bügelflasche mit rot-weißem Wulle-Logo. Seitdem findet es sowohl im Handel als auch in der Gastronomie guten Absatz.

Die Robert Leicht Schwabenbräu AG

Noch heute gibt es im Vaihinger Markt die Gaststätte »Zum Ochsen«, allerdings in moderner Form und an einem Innenhof. Früher stand sie an der Hauptstraße und wurde im Jahr 1878 von dem Möhringer Brauereibesitzer Widmaier und seinem Schwiegersohn Robert Leicht erworben. Robert Leicht errichtete daneben eine Brauerei sowie entsprechende Lagerkeller und konnte ein Jahr später sein erstes Bier präsentieren. Die Brauerei wurde modern ausgebaut und verfügte beispielsweise über eine Eismaschine, die mit elektrischem Strom betrieben wurde. Der Strom wurde im eigenen Elektrizitätswerk hergestellt, das als erstes privates E-Werk in Württemberg gilt. Bereits im Jahr 1897 wird der einspännige Leiterwagen, der bis dato für die Auslieferung der Bierkisten diente durch einen Daimler-Lastwagen ersetzt. Auch damit wurde ein Novum geschaffen: Der LKW war Deutschlands erster Bierlaster. Um mit der Lieferung nachzukommen, wurde 1903 eine Abfüllanlage installiert, in die in den 1930er Jahren damals moderne kupferne Sudkessel eingebaut werden. Zu diesem Zeitpunkt hatte sich das Bier der Brauerei

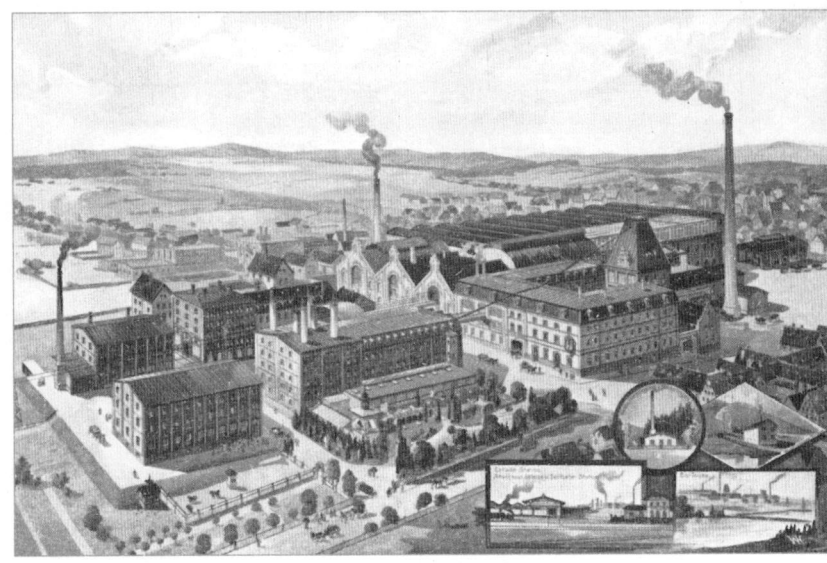

Brauerei Robert Leicht Schwabenbräu AG, Vaihingen a.d.F.

Leicht bereits als „Schwabenbräu" einen Namen gemacht. Nach schweren Kriegsbeschädigungen wurde die Brauerei wieder aufgebaut und im Jahr 1951 zu einer Aktiengesellschaft umgewandelt. Die Brauereieinrichtungen wurden immer weiter modernisiert. Ab 1970 sorgte die größte Abfüllanlage der Welt dafür, das Schwabenbräu zum »Hektolitermillionär« wurde. In den 1990er Jahren rückten Schwabenbräu und die Dinkelacker AG immer näher zusammen, bis sie 1996 schließlich fusionierten und ein Jahr später die Produktion von Vaihingen in die Tübinger Straße im Stuttgarter Süden verlegten.

Die Familienbrauerei Dinkelacker

Bereits im 14. Jahrhundert wird in Stuttgart ein Eberlin und im 15. Jahrhundert ein Caspar Dinkelacker benannt. In den folgenden Jahrhunderten lebte die Familie in Sindelfingen, wo sie als »Rößleswirte« bekannt waren. Der erste Bierbrauer in der Fami-

Die Familienbrauerei Dinkelacker

lie war schließlich Johann Michael Dinkelacker, der im Jahr 1748 in Böblingen die Hirschbrauerei mit Brauereigaststätte eröffnete und Bier »nach Nürnberger Art« braute. Ende des 19. Jahrhunderts zog die Familie dann in das aufblühende Stuttgart zurück und Carl Dinkelacker gründete im Jahr 1888 die Brauerei am heutigen Standort in der Tübinger Straße. Damals bestand die Anlage aus einer Brauereigaststätte, einer Mälzerei, einem Sudhaus und einem Maschinenhaus. Die Lage am Hasenberg war ideal, man konnte Felsenkeller zur Lagerung von Eis in den Berg hauen und verschiedene Quellen am Hang und im Untergrund gaben damals genug Brauwasser. Heutzutage braut Dinkelacker allerdings mit Wasser aus der Bodensee-Wasserversorgung.

Ab dem Jahr 1897 wurde der Gerstensaft in Flaschen abgefüllt und zwei Jahre später konnte man im Deutschen Volksblatt lesen: »Die Brauerei Dinkelacker hat sich in kurzer Zeit zu einer der größten am Platze aufgeschwungen. Der jährliche Bierumsatz von 100.000 Hektolitern wird durch Bierwagen mit 30 Pferden transportiert«. Zur Jahrhundertwende braute Dinkelacker als erste Brauerei ein Bier nach Pilsener Brauart, das heute noch als CD Pils produziert wird.

Weltausstellungs-Bierdeckel.

Wie alle Unternehmen litt auch Dinkelacker unter den Verhältnissen während und nach dem Ersten Weltkrieg, der Inflation und der Weltwirtschaftskrise. Trotzdem konnte die Produktion bis zum Jahr 1939 auf 300.000 Hektoliter gesteigert werden. Der Zweite Weltkrieg wirkte noch verheerender auf die Brauerei, ihre Mitarbeiter und die Produktion, die um zwei Drittel zurückging.

Mit dem Wirtschaftswunder der 1950er und 60er Jahre ging es jedoch wieder bergauf und Mitte der 1960er Jahre lag die Jahresproduktion bei 700.000 Hektolitern. Getrunken wurde

Dinkelacker Bier nicht nur in Stuttgart und Umgebung. Sogar die Lufthansa schenkte die Marke in ihren Flugzeugen aus. Auf der Weltausstellung in New York 1964 / 1965 führte die Brauerei sogar ein eigenes Lokal.

Ab den 1970er Jahren expandierte Dinkelacker. Im Jahr 1971 kam die Brauerei Wulle, 1977 die Weißbierbrauerei Sanwald und 1982 die Brauerei Cluss dazu. Damit wurde Dinkelacker ebenfalls zum »Hektolitermillionär«. Der Hauptaktionär der Dinkelacker-Schwabenbräu AG war zur Jahrtausendwende die Spaten Franziskaner Brauereigruppe in München. Die Brauereibranche geriet damals in ziemliche Bewegung. Das Ergebnis für Dinkelacker-Schwabenbräu war schließlich im Oktober 2004 der Übergang der Mehrheitsbeteiligung an die Interbrew (InBev) im belgischen Leuwen.

Nach etwa zwei Jahren gelang es dem Urenkel von Carl Dinkelacker, Wolfgang Dinkelacker, das Unternehmen wieder in Familienbesitz zu bringen. Seit dem 2. Januar 2007 firmiert die Familienbrauerei unter dem Namen »Dinkelacker-Schwabenbräu GmbH & Co. KG« und braut mit ausschließlich aus Baden-Württemberg stammenden Rohstoffen etwa 800.000 Hektoliter, also 80 Millionen Liter Bier unterschiedlicher Sorten im Jahr. Darunter sind auch einige Biere, die ein Schwabenbräu-, ein Wulle-, ein Sanwald- oder ein Cluss-Etikett tragen und die in der Tradition dieser Stuttgarter Brauereien nach Originalrezepten gebraut werden.

Stuttgarter Hofbräu

Der Name und das königlich württembergische Wappen auf dem Hofbräu-Etikett symbolisieren den Status als königlicher Hoflieferant. Württemberg war seit dem Jahr 1806 ein Königreich. Auf dem Etikett steht aber auch etwas von einer 400-jährigen Brautradition. Wie passt das zusammen?

Stuttgarter Hofbräu

Die Ursprünge der Brauerei liegen nicht in Stuttgart, genau genommen nicht einmal im historischen Württemberg. Die Mönche des Klosters Sankt Luzen bei Hechingen haben im Jahr 1608 Bier an den fürstlichen Hof von Hohenzollern geliefert. Bereits im Jahr 1591 wurde ihnen das Braurecht durch den Grafen Eitel Friedrich von Zollern-Hechingen testamentarisch erlaubt. Als Begründung für diese Genehmigung nannte er die Schwere des Gottesdienstes und dass die Mönche: »Fill singen und lesen missen und im essen und drinkhen den iberfluss nitt haben«.

Die Vereinigung mit der hiesigen Brauerei »Englischer Garten« zur »Württembergisch-Hohenzollerschen Brauereigesellschaft« im Jahr 1872 schuf die Verbindung nach Stuttgart. Das Bier mundete König Karl besonders, so dass er im Jahr 1883 den Titel »Königlich Württembergischer Hoflieferant« an die Brauerei verlieh. Am Standort der Brauerei Münz in der Böblinger Straße baute man eine große neue Brauerei und nutzte wie Dinkelacker den dahinter liegenden Hang des Hasenbergs für Felsenkeller und die Quellen für das Brauwasser. Ein 56 Meter tiefer Brunnen liefert bis zum heutigen Tage optimales Brauwasser vom Einströmungsbereich der oberen Gäulandschaft. Nach dem Zusammenschluss mit der Tivoli-Brauerei im Jahr 1923 wurde das Gesamtunternehmen in Stuttgarter Hofbräu umbenannt. Die Brauerei hat nach eigenen Angaben in der Region heute einen Marktanteil von 30 Prozent und produziert etwa 1.000.000 Hektoliter im Jahr.

Bier und Gesundheit

Alkoholische Getränke als gesund zu bezeichnen ist grundsätzlich fragwürdig. Oftmals werden die gesunden Bestandteile durch den Alkohol wieder zunichte gemacht, außerdem besteht bei regelmäßigem Genuss die Gefahr, danach süchtig zu werden. Trotzdem – und keinesfalls als Freibrief für manche, die zu tief ins Glas schauen – soll das Thema hier in einigen Zeilen behandelt werden.

Außerdem gibt es ja auch Bier, dem der Alkohol durch Verdampfen nahezu entzogen wurde wobei die gesunden Inhaltstoffe drinbleiben. Das nennt sich dann »Alkoholfreies Bier«!

Wenn man versucht, sich über Bier und Gesundheit zu informieren, stößt man schnell auf ein Zitat, das angeblich der griechische Philosoph Plutarch im ersten Jahrhundert nach Christi Geburt gesagt hat: »Bier ist unter den Getränken das Nützlichste, unter den Arzneien die Schmackhafteste und unter den Nahrungsmitteln das Angenehmste«. Er ist der einzige Weise aus der Antike, von dem etwas zum Thema Bier überliefert ist, während sich über Wein ganze Bände mit sinnigen Versen und Sprüchen nahezu aller prominenten Griechen und Römer der Antike füllen ließen. Könnte es sein, dass hier von Bierliebhabern einfach das Wort Wein gegen Bier ausgetauscht wurde?

Will man Bier hinsichtlich seiner gesundheitlichen Wirkung positiv beschreiben, muss man auf seinen Reichtum an Kohlehydraten, Mineralstoffen, Eiweißstoffen, Polyphenolen, Vitaminen und Bitterstoffen verweisen. Beispielsweise unterstützen Mineralstoffe wie Magnesium oder Kalium die Funktionen des Herzens und der Muskeln und regulieren den Blutdruck. In einem Liter Bier sind etwa 0,05 mg Magnesium und etwa 0,5 mg Kalium enthalten. Natürlich sei an dieser Stelle ebenso erwähnt, dass sich in einem Liter Mineralwasser ein Vielfaches dieser Menge befindet.

Das Kohlehydrate als Brennstoffe wichtig für das Gehirn, die Muskeln und die Nerven sind, ist hinlänglich bekannt. Allerdings nehmen wir mit der Nahrung schon mehr als genug davon zu uns, wie bei manchem der Ring um die Hüften beweist. Denjenigen, die eher unter Appetitlosigkeit leiden, hilft die appetitsteigernde Wirkung von Bier.

Die Bitterstoffe und ätherischen Öle des Hopfens geben dem Bier die typische Würze und wirken beruhigend und entzündungshemmend. Kein Wunder, gehört doch der Hopfen zu den Hanfgewächsen. Auch wenn die Menge an Hopfen im Bier nur gering ist, ist es immer noch besser, als zur Hanfzigarette zu greifen.

Ansonsten sind im Gerstensaft viele B-Vitamine enthalten, die für den Stoffwechsel wichtig sind, wie beispielsweise die Vitamine B2, B3, B5 und B6, die ein ganzes Wirkungsspektrum gegen Stoffwechselerkrankungen bis zu Allergien aufbieten. Die Polyphenole stärken das Immunsystem, fangen freie Radikale ab und sorgen für geringere Fettablagerungen in den Blutgefäßen. Außerdem unterstützt Bier wegen seiner harntreibenden Wirkung auch die Nierenfunktion.

Insgesamt betrachtet ist mäßiger Biergenuss der Gesundheit nicht abträglich, in der alkoholfreien Variante sogar empfehlenswert. Was »mäßig« bedeutet, kann man aus nachstehendem Zitat entnehmen:

»*Die Deutsche Gesellschaft für Ernährung (DGE) e. V. empfiehlt zurückhaltend mit Alkohol umzugehen. Alkoholische Getränke sind Genussmittel, die von gesunden Erwachsenen gelegentlich in Maßen konsumiert werden können. Frauen sollten nicht mehr als 10 g und Männer nicht mehr als 20 g Alkohol pro Tag aufnehmen. 20 g Alkohol sind beispielsweise in einem halben Liter Bier enthalten.*«

Bierzeltstimmung

Speis und Trank und Fröhlichkeit

»Ein Volksfest ohne Wurst und Bier ist keines.« Erinnern wir uns an die erste gedruckte Beschreibung des Cannstatter Volksfestes im Jahr 1844 in der Reihe »Schwaben wie es isst und – trinkt«: »Die Garküchen mit ihren haushohen Rauchsäulen und dampfenden Kesseln verbreiten einen einladenden und anlockenden Geruch, umher verbreiteter Bratengeruch wird wollüstig und mit der Nase zischend eingeatmet«. Dazu wird Wein, Most und natürlich Bier ausgeschenkt.

Früher gab es Bierzelte, heute sind es Festzelte

Das erste Bierzelt auf dem Cannstatter Wasen hat wohl der Cannstatter Ochsenwirt Kübler im Jahr 1837 aufgebaut. Und er hielt sich nicht einmal an die Volksfestzeiten. Im Gegensatz zum Landwirtschaftlichen Hauptfest, dessen Belange von der Staatsverwaltung organisiert wurden, lag die Vergabe von Ständen außerhalb des landwirtschaftlichen Bereiches und des Pferderennovals beim Cannstatter Schultheißenamt. Und diese Konzession hatte keinen Zeitrahmen. So wurde es üblich, das damals nur drei Tage lang dauernde Volksfest durch Vor- und Nachfeiern auszudehnen. Also öffnete der Ochsenwirt Kübler sein Zelt im Jahr 1845 schon acht Tage vor Festbeginn und warb damit, sowohl Wein als auch Bier (aus Ulm) auszuschenken. 6.650 Maß Bier rannen in die durstigen Kehlen. Zehn Jahre später ist bereits von 33.000 Litern die Rede. Der Durst war stets groß und der Geldbeutel schmal. Deshalb liest man immer wieder und bis heute von Klagen über die hohen Bierpreise. Manche begannen ihren Volksfestbesuch gleich mit einer Stärkung im Bierzelt. Das wurde sogar offiziell empfohlen. In der ersten Volksfestzeitung, die im Jahr 1907 erschien, wurde ein Rundgang auf dem Wasen beschrieben, bei dem die ersten fünf Stationen Festzelte waren.

Als erste Station empfahl sich »Bachner's Riesenzelt« unter der König-Karls-Brücke, die beiden nächsten »Buden« gehörten zum Festzelt »Muckl«, der seinen Gästen Willkommensgeschenke in Gedichtform ankündigte:

Bei meinen lieben Gönnern
Wird's heuer wer'n ein Rennen
Ich bring drei neue Schlager
Gieb acht, die sind nicht mager
Ein jedes kann es brauchen
Drum schnell zum Muckl laufen.
Wird gratis dort verteilt,
Es eilt, es eilt, es eilt,
Mach, mach, mein lieber Schatz
Sonst giebt's beim Muckl keinen Platz!
Man geht zum Muckl!
Tausende Taschenspiegel und Postkarten
an meine lieben Gäste gratis.

Nach dem Zweiten Weltkrieg errichteten die Stuttgarter Brauereien zunächst ein gemeinsames großes Bierzelt mit 3.000 Plätzen, in dem sie ein extra gebrautes Festbier mit etwas höherem Alkoholgehalt ausschenkten. Drei Jahre später waren es schon zwei Bierzelte dieser Größe, ein kleines und natürlich die »Hahnenbraterei mit Vollkonzession« von Karl Maier, dem »Göckelesmaier« der seit 1938 und bis zum heutigen Tag als Festzelt mit der längsten Historie seine Gäste versorgt. Dazu kamen fünf weitere »Imbiss-Zelte« und ein »Wein- und Cafézelt«, das von der Bad Cannstatter Bahnhofswirtschaft betrieben wurde.

Heutzutage gibt es sieben Festzelte, ein Weinzelt und natürlich das »Almhüttendorf« auf dem Wasen. Allein die Zahlen eines großen Festzelts sind rekordverdächtig: 60 LKW-Container bringen das Zelt auf den Platz. Das Zelt hat Platz für 5.000 Besucher, im

Knusprig müssen sie sein – die Festzelthendl.

Durchschnitt sind 3.000 Menschen ständig im Zelt und werden von 200 Mitarbeitern versorgt. Etwa 10.000 Bierkrüge sind täglich im Umlauf und während der Volksfestzeit gehen etwa 15.000 Krüge zu Bruch. Jeden Tag werden 1.000 Göckel, also 2.000 halbe Hendl verzehrt. Die Qualität der Speisen entspricht der eines gutbürgerlichen Restaurants und hat nichts mehr gemein mit den alten Bierzelten der 1960er Jahre, wo es manchmal auch nicht ganz so hygienisch zuging. Auf den Speisekarten der Festzelte stehen zwar immer noch die üblichen schwäbischen Gerichte, aber auch Spezialitäten bis hin zum Langustenschwanz. Auch bei den Getränken muss man nicht beim Bier bleiben. Für den champagnerverwöhnten Gaumen ist ebenfalls gesorgt.

Die Zelte haben sich etwas dem Münchener Oktoberfest angeglichen. So gibt es beispielsweise seit wenigen Jahren Emporen in den Zelten, die immer mehr dem alpenländischen Baustil entsprechen, allerdings mit modernen Farben formuliert. An den Zeltwänden sind Bilder, die eine historische und/oder ländliche Umgebung simulieren und damit eine »Heile Welt«-Atmosphäre schaffen, in der es sich ausgelassen feiern lässt. Offene Fassaden verbinden innen und außen. Hochmoderne Belüftungsanlagen sorgen für gute Luft in den Zelten, in denen ja derzeit immer noch geraucht werden darf. Eine ausgeklügelte Licht- und Bühnentechnik unterstützt die Kapellen, die heutzutage keine Blasmusik mehr, sondern deutsche Schlager zum »Mitsingen« spielen. »Die Hände zum Himmel«, »Ein Stern, der Deinen Namen trägt« oder – zu fortgeschrittener Stunde – »Joana (du Luder)« sind sicherlich den meisten bekannt. Außerdem werden englische Rock- und Popsongs gespielt und es treten regelmäßig bekannte Schlagerstars auf. Heute beschwert sich über die Musik niemand mehr, jedenfalls nicht offiziell. Im Jahr 1958 beschwerte sich ein Wasenbesucher schriftlich bei der Stadt darüber, »dass zu viel bayerische Musik und außerdem Boogie Woogie gespielt würde, was bei einem schwäbischen Fest so nicht vorkommen könne und solle«.

Bei »Gaydelight« feiern seit fast zwanzig Jahren Lesben, Schwule, Bisexuelle, Transgender, Transsexuelle, Intersexuelle und Queere einen Abend im Wasenwirt-Zelt – anfangs bestaunt, belächelt und manchmal beschimpft. Es ist ein bundesweiter Topevent, zu dem sogar Drag Queens aus Ibiza einfliegen. Anfangs durfte es nicht öffentlich beworben werden, heute ist es eine Institution. Trotzdem gibt es auch in unseren modernen Zeiten mit der Freizügigkeit manchmal noch Probleme. Das beweist die Absage des Auftritts von Berufsnackedei Micaela Schäfer und ihrer »Busenfreundin« Playmate Ramona Burkardt zur Eröffnung des Frühlingsfestes 2017. Nachdem die Damen ja ihren Bikini anbehalten wollten, wäre vielleicht etwas augenzwinkernde Toleranz schwäbisch liberaler gewesen. Es muss ja gleich nicht in Pornografie ausarten, die ist nämlich seit dem Jahr 1980 auf dem Volksfest verboten.

Auch das Publikum hat sich gegenüber früheren Jahrzehnten geändert. Gingen bis in die 1980er Jahre vor allem Handwerker oder Arbeiter nach Feierabend in die Bierzelte, sind es heute ganze Abteilungen von »Krawattenträgern«, die hier zusammen den Abend verbringen. Gerne auch »unter sich« in den Logen der Bierzelte, die deshalb immer mehr dahingehend ausgebaut werden. Waren in früheren Zeiten hauptsächlich Männer abends auf dem Wasen unterwegs, sind es heute immer mehr fröhliche Mädelsgruppen, die in Dirndl die Zelte bevölkern. Zwischenzeitlich besteht sogar ein leichter Frauenüberschuss. Laut einer Studie, die Claudia Bosch in ihrer Dissertation »Fest und Flüssig – Das Feiern im Festzelt als Cultural Performance« veröffentlicht hat, sind es 50,8 % Frauen und 49,2 % Männer. Die Studie befasst sich auch mit der durchschnittlichen Aufenthaltszeit im Zelt. 39,6 % sitzen länger als drei Stunden im Zelt, 27 % weniger als drei Stunden und 11,7 % weniger als eine Stunde. Der Rest machte wohl keine Angaben oder wusste es nicht mehr genau.

Brauereigespann Stuttgarter Hofbräu 2016.

Die Trachten

Ganz anders als in den 1980er Jahren, als man in Jeans und Sweatshirt auf den Wasen ging, spielt heute die Kleidung eine besondere Rolle, die zwar zu den Gestaltungen der Festzelte, historisch gesehen jedoch nicht ins Ländle passt. Die früher in Württemberg getragenen Trachten waren zumeist dunkel und schmucklos – ganz anders als in Bayern, wo das Dirndl ein eher fröhliches, figurbetontes Aussehen unterstützt. Das ist jedoch der Trend der Zeit und wird von den Veranstaltern und den Festwirten unterstützt, die Dirndlwettbewerbe veranstalten. Sogar ein extra für das Volksfest entworfenes »Wasen-Dirndl« gibt es seit dem Jahr 2008. Man zieht sich extra für den Wasen an und kleidet sich daher anders als im Alltag. Das Dirndl oder der Trachtenanzug führt seine Träger quasi aus dem normalen Alltagsallerlei heraus und bringt sie in Feststimmung speziell für den Wasenbesuch, den sie in trachtengerecht gestalteten Festzelten genießen.

Die Brauereigespanne

Bis zum Jahr 2015 war es guter Brauch, dass die in den Großzelten vertretenen Brauereien geschmückte Brauereigespanne aus Heslach zum Cannstatter Wasen schickten. Die kräftigen Kaltblütler übernachteten auf dem Betriebshof und zogen zu sechst die mit Bierfässern beladene, vier Tonnen schwere Kutsche durch die Innenstadt und auf der mehrspurigen Bundesstraße 14 zum Cannstatter Wasen. Elf Kilometer hin und elf Kilometer zurück. Eine interessante Aufgabe für die Rösser, die sonst im Schwäbischen Wald Planwagen ziehen oder im bayerischen Wald Holzstämme aus dem Wald rücken. Sozusagen zweieinhalb Wochen Urlaub zum Stadtluft schnuppern. Und wo könnte man das besser als in Stuttgart. Nur die Urlaubsunterkunft störte die Tierschützer. Die Pferde standen nachts in Boxen, in denen sie sich nicht hinlegen konnten. Das wollten sie vermutlich auch nicht, weil Rösser sich selten hinlegen. Sie entlasten ihre Beine abwechseln im Stehen. Aber falls sie es doch einmal gerne getan hätten, ging es nicht. Damit war die Entscheidung gefallen: Die starken Pferde übernachten nun artgerecht im Reitstadion neben dem Wasen und werden wegen der notwendigen Bewegung auf anderen Strecken im Neckartal herumgeführt.

Wurst, Kaffee und süße Herzen

Im Jahr 1922 entschied die Stadtverwaltung, aus »wirtschaftlichen und volkserzieherischen Bedürfnissen« ein neues Konzept für den Wasen zu entwerfen. Der schwäbische Dichter August Lämmle fühlte sich herausgefordert und stellte einen eigenen Entwurf vor, in dem er vorschlug, dass »neben Bier- und Weinzelten ebenso viele Tee- und Kaffeebuden da sein sollen«. An eine Umsetzung war zu diesem Zeitpunkt wegen der katastrophalen Wirtschaftslage aber noch nicht zu denken, erst 1924 wurde wieder ein Volksfest abgehalten.

Der brave Vorschlag hat sich jedoch nicht durchgesetzt. Die hungrigen und durstigen Gäste, die nicht ins Bierzelt wollten, strebten auch nicht ins Café. Ihr Ziel waren die Wurstbratereien, die dutzendweise auf dem Wasen standen und alle einen Bierausschank hatten. Eine löbliche Ausnahme gibt es seit vielen Jahrzehnten: das Café Grell. 1950 gründete es die Urgroßmutter des heutigen Betreibers, Emilie Grell aus Hannover. Frauen als Betreiber waren damals noch unüblich. Deshalb wurde ihr Ehemann Amandus Grell ins Schaustellerverzeichnis eingetragen. Derzeit ist die dritte Generation am Werk und serviert im ersten Stock Kaffee und Kuchen, abgehoben vom Trubel der Festgassen und abends mit schönem Blick auf die illuminierten Fahrgeschäfte ringsherum.

Wurst, Kaffee und süße Herzen

Café Grell auf dem Volksfest 2016.

Viele Wasenbesucher haben, nach oder anstatt der deftigen Kost, Lust auf Süßes. Für sie sind die fahrenden Zuckerbäcker da. Heute weiß man, dass es schon in der Antike Lebkuchen gab. Wann man jedoch auf die Idee kam, sie in Herzform und mit buntem Rand und Blümchen sowie einem netten Spruch zu verzieren, ist nicht gesichert. Möglicherweise sind die Lebkuchenherzen eine Oktoberfest-Erfindung der 1970er Jahre, so wird es jedenfalls behauptet. Im Laufe der Zeit änderten sich auch die Sprüche. Waren die Käufer früher mit »Cannstatter Volksfest« oder »Ich hab Dich lieb« zufrieden, verlangen sie heute coole Sprüche aus Zuckerguss, von »Läuft bei Dir« bis »I love my big, big Bratwurst«.

Süß und klebrig ist die Zuckerwatte, die in der Tat eine historische Süßigkeit ist. Bereits im 17. Jahrhundert hat man sich mit den aufgesponnenen 6 Gramm Zucker gerne das Gesicht verkleistert. Die erste Maschine zur Herstellung erfand im Jahr 1897 ein gewisser William J. Morrison in Nashville/Tennessee, der von Beruf kurioserweise Zahnarzt war. Aber auch die gebrannten Mandeln sind eine historische Delikatesse. Wie die Leb- oder Honigkuchen waren auch Mandeln in der Antike bekannt und zwar als Arznei und als Hautpflegemittel. Im Mittelalter kam die Kunst, aus Mandeln Marzipan herzustellen, nach Europa. Die Süßigkeit galt als potenzfördernd und wurde insbesondere vom Adel gerne vor ausschweifenden Festen verzehrt. In der Barockzeit kam man dann auf die Idee, Mandeln in Zucker zu karamellisieren. Auch eine Methode, die sich nur die Oberschicht leisten konnte, denn der Zucker kam aus den Überseekolonien und war sehr teuer.

Wenn man auf dem Wasen dann von allem gegessen und getrunken hat, kann es passieren, dass der Magen wegen des Durcheinanders etwas gereizt reagiert. Manche nehmen dann ein Mittel aus der Apotheke, andere essen ein Stück Magenbrot. Ob es tatsächlich lindernd wirkt, muss man selbst probieren. Seinen Namen hat es zumindest von den magenfreundlichen Gewürzen Sternanis, Zimt, Muskatblüten und Gewürznelken. Die Erfindung stammt aus dem vorderen Alpenraum, also durchaus aus unserer Gegend und wurde früher »Kräuterbrot« genannt.

Achterbahn »Wilde Maus« auf dem Volksfest 2016.

Von Paris nach Tirol – Aus dem französischen Dorf wird das Almhüttendorf

Im Jahr 1996 wollte man der Kulinarik des Volksfestes etwas Gutes tun und schuf ein Französisches Dorf auf dem Wasen. Ein kleiner Eiffelturm wurde aufgebaut, unter dem es französische Spezialitäten gab. Sogar Froschschenkel konnten durch eine Sondergenehmigung serviert werden. Bereits zehn Jahre später waren die Hütten allerdings ziemlich sanierungsbedürftig und man entschloss sich zu einem anderen Konzept: Nicht mehr viele kleine Imbissbuden-Inhaber sondern eine Betreiberin, die für alles verantwortlich zeichnet. Im Stil der Entwicklung der Festzelte zu voralpenländisch gemütlichen Bauten aus hochwertigen Materialien entstand das »Almhüttendorf«, in dem in 20 Ständen Tiroler und schwäbische Spezialitäten angeboten werden, ergänzt durch Kunsthandwerk und passende Modeartikel.

Die Schausteller

Schon immer hatte das Münchener Oktoberfest hinsichtlich der Bierzelte einen deutlichen Vorsprung vor dem Cannstatter Volksfest. Was die Anzahl der Schausteller jedoch betrifft, liegt das Volksfest weltweit an der Spitze.

Jedes Jahr bewerben sich um die 800 Schausteller um circa 300 Standplätze. Über die Vergabe wird jedes Jahr neu entschieden. Beurteilt wird beispielsweise die Gestaltung des Standes, die Bemalung, die Beleuchtung und das Angebot. Das gibt denjenigen, die einmal nicht dabei sein können, die Chance, im nächsten Jahr wiederzukommen und denjenigen, die eine Absage bekommen, sich im nächsten Jahr wieder zu bewerben. Eine Garantie für einen Standplatz gibt es nicht. Das ist für diejenigen Schausteller schmerzlich, die Millionenbeträge in ein Fahrgeschäft investiert haben und darauf angewiesen sind, es bei einem so bekannten

Volksfest betreiben zu können. Oftmals hängen Familienexistenzen an einer Zusage für den Standplatz. Nach Einschätzung des Wasen-Veranstalters »in.Stuttgart« wird es künftig deshalb auch eher weniger neue, noch spektakulärere, Fahrgeschäfte geben. Hatte beispielsweise die Achterbahn »Wilde Maus« 1990 noch einen einstelligen Millionenbetrag gekostet, wäre eine derartige Attraktion heute weitaus teurer. Der höchste Freifallturm der Welt, der seit einigen Jahren auf dem Volksfest gastiert, verschlingt allein 40.000 Euro Transportkosten. Es braucht zehn Jahre, bis sich seine Kosten amortisiert haben.

Allerdings gibt es auch noch alte Schaubuden und Fahrgeschäfte, die an frühere Volksfestzeiten erinnern. Das älteste Fahrgeschäft ist ein Kinderkarussell aus dem Jahr 1908, dessen Geschwindigkeit noch mit einem sogenannten »Salzwasseranlasser« geregelt wird. Dieser nahezu historische, stufenlose Regler funktioniert, in dem man bewegliche Elektroden mehr oder weniger tief in ein Salzwasserbecken eintaucht. Taucht man sie tief ein, wird über die Salz-Ionen viel Strom zu den festen Elektroden geleitet, zieht man sie heraus, ist der Stromkreis unterbrochen. Damit ist eine stufenlose Regelung des angeschlossenen Motors möglich.

Angefangen haben die Schaustellungen auf dem Volksfest mit Übungen, die man heute eher auf einem Kindergeburtstag suchen würde: Sackhüpfen, Mastklettern und – zugegeben, weniger für Kinder geeignet – Hahnenkämpfe. Später kamen Menagerien mit wilden Tieren hinzu, denn es gab ja noch keinen Zoo in Cannstatt. Auch in Stuttgart konnte man Exoten nur im privaten Tiergarten des Zimmerermeisters Nill an der Seestraße oder im Gasthaus »Affenwerner« in der Marienstraße erleben.

Die älteste Beschreibung über »Schaubuden auf dem Cannstatter Volksfest« erschien im Jahr 1844 in einer Reihe »Schwaben wie es isst und – trinkt«. Darin zeichnet der Autor Wilhelm Mannbach ein Stimmungsbild des Cannstatter Wasens, das er anhand der möglichen Sinnesfreuden beschreibt: »Die Garküchen mit ihren haushohen Rauchsäulen und dampfenden Kesseln verbreiten

Kinderkarussell aus dem Jahr 1908 auf dem Volksfest 2016.

einen einladenden und anlockenden Geruch, umher verbreiteter Bratengeruch wird wollüstig und mit der Nase zischend eingeatmet«. Aber »es verlangt nicht nur der Sinn des Geschmacks, der Gaumen, Essen und Trinken, sondern auch die übrigen Sinnesorgane wollen befriedigt sein. Das Ohr will angenehm unterhalten sein, will Musik, gemüthliche und rauschende: donnernden Paukenschlag und stürmisches Trompetengeschmetter, wie schmachtende Flöten und säuselnde Harfentöne. Das Unentbehrlichste dabei aber ist der Gesang der Volkslieder von Orgelspielern und Harfenmädchen. Mancher Handwerksgeselle hat sich seinen ganzen Liederschatz auf dem Volksfeste gesammelt. Aber das ist es nicht allein. Man will nicht bloß ein Jahr hindurch etwas zu singen, sondern auch etwas zu erzählen haben; man will etwas sehen, worüber man sich zu unterhalten weiß – Und daran fehlt es auch nicht. Eine Hauptrolle spielen dabei die Schaubuden«.

Noch heute sind für alle Schaubuden und Fahrgeschäfte die Ausrufer die wichtigsten Personen: »Kommet se nei, fahret se mit, sowas hen se no net erlebt [...] und noch eine Rrrrunde, das gibt es nirgends, das gibt es nur bei uns«.

Das Wachsfigurenkabinett im Jahr 1844

Schon damals spielten die Ausrufer eine wichtige Rolle: »Stillenzium! Stille! – Tretet se [...] Treten Sie emmer herein meine Herrschaften, hier sehen Sie, was Sie noch nie gesehn. Hier sehet Se [...] sehen Sie das große Pariser Wachsfigurenkabinett. Die Verklärung fängt sogleich an. Versäumen Sie den wichtigen Augenblick nicht, 's wär schad [...] es wäre Schade darum. Sie treffen die vornehmste Persone in Lebensgröße hier, die wie lebig [...] wie lebendig aussehen«. Dabei behandelt das Kabinett die Größen der Geschichte. In einem Saal des königlichen Schlosses in Ludwigsburg steht Napoleon mit seinem Dreispitz neben dem württembergischen Herzog. Eine Ecke weiter wird auf dem Marktplatz von Neapel dem Staufer Konradin der Kopf abgehauen. Weniger geschichtsbedeutend aber genauso volksbekannt ist der leibhaftige Räuberhauptmann Ronaldo Ronaldini mit seinen schwarzen feurigen Augen und dem Dolch am Gürtel. Neben dem Kaiser von Marokko und ein paar Beduinen sitzt Christian Friedrich Daniel Schubart im Kerker auf dem Hohenasperg und Nikodemus Frischlin auf Burg Hohenurach. Das ganze wurde mit den ausschmückendsten Geschichten kommentiert, so dass die Besucher im Anblick der »wirklichen Personen« ein ganz neues Geschichtsbild bekamen.

Damals und heute: Die Wahrsagerin

Die Beschreibung des Jahres 1844 spricht vom »Teufel im Glas. Man sieht einen mit einem weißen Tuche bedeckten Tisch. Auf demselben steht eine weiß-gläserne Flasche, welche beinahe ganz mit Wasser angefüllt ist. Oben ist dieselbe, mit einem Stückchen von einer Schweinsblase, luftdicht abgeschlossen. In dem flüssigen Element befindet sich eine kleine, aus bläulichem Glas gegossene Figur in Form eines Teufels. Hinter dem Tisch steht eine alte Frau, welche eine Brille fest auf die Nase geklemmt, und verkündet die Zauberweisheit«.

Heute heißt die Wahrsagerin auf dem Volksfest »Madame Odessa« und entstammt der berühmten Hochseilartistenfamilie Traber. Auch Renee Traber war in jungen Jahren auf dem Hochseil unterwegs. Heute lebt sie ihre »andere Seite« aus, denn alle Traber-Frauen hätten die besondere Gabe, sagt sie. Sie schaut auch nicht in ein Teufelsglas, sie befragt die Karten und liest aus der Hand. Und sie gibt den Leuten ein Stück Lebensberatung. Ihre Kunden fragen weniger nach finanziellem Glück, eher interessieren sie sich für ihr Schicksal in Liebesdingen. Viele kommen jedes Jahr in den kleinen schönen Wohnwagen und wagen für wenig Geld einen Blick in die Zukunft.

Das Weltpanorama

Im Jahr 1844 wurde noch in der Tradition der Moritatensänger an gemalten Szenerien die Weltgeschichte erklärt. Im Weltpanorama rief »in einem burlesken Anzuge, einen falschen türkischen Schnurrbart angeknebelt, ein spanisches Röhrchen in der Hand schwingend, vor seinem Welttheater stehend, der Künstler das Volk zusammen«. »Hier tut sich Ihnen die Welt auf. Wenn Sie nicht zufrieden sind, geb ich Ihnen Ihr Geld wieder zurück!«

In der ersten Szene wird Ludwig Uhlands Beschreibung des »Überfalls im Wildbad« lebendig. Man sieht Eberhard im Bart, seine Widersacher, seine Flucht mit Hilfe eines Hirten und schließlich das Ausräuchern des Schleglerbundes in ihrer Burg in Heimsheim. Unter den Zuschauern war offensichtlich ein Berliner: »Jott, Schwerenoth, det war keene üble Visite nich«.

Schon wird das nächste Bild an Seilen heruntergelassen: Ein riesiger Bär in einem englischen Lustpark. Danach ein Krankenhaus in Mannheim, ein Kutscherzimmer in Tübingen, die Schlossanlagen in Stuttgart. Gleich darauf folgt eine afrikanische Wildnis, die algerische Wüste und ein Bild von Diogenes, wie er im antiken

Griechenland vor seinem Fass liegt. Alles wurde vom »Künstler« auf sensationelle Weise kommentiert. Nach der Vorstellung waren alle ganz wirr im Kopf, aber davon überzeugt, das Wesentliche der Weltgeschichte gesehen zu haben.

Tiere auf dem Volksfest

Bereits zu Anfang waren Tanzbären regelmäßig zu Gast auf dem Wasen, auch dressierte Flöhe erfreuten (oder juckten) die Zuschauer schon im 19. Jahrhundert. Über viele Jahrzehnte war das sogenannte »Affentheater« ein Anziehungspunkt – insbesondere für Familien mit Kindern. Auch die Krokodilschau zog viele Besucher an. In den 1920er Jahren zeigte man ein angeblich 500 Jahre altes Tier mit 30 lebenden Jungen.

Manchmal sorgten auch tote Tiere für Sensationen. Im Jahr 1932, beispielsweise, wurde ein achteinhalb Meter langer präparierter Wal oder ein Kalb mit zwei Rücken und sechs Beinen auf dem Volksfest gezeigt. Auf dem selben Fest wurde außerdem ein "lebender Herr in einen lebenden Gockel" verwandelt.

Bis in die 1960er Jahre gab es immer spektakuläre Dressurshows, letztendlich wurden sogar lebende Delfine in einem Becken vorgeführt. Heute sind es nur noch die Ponys der Familie Schubert, auf denen Kinder reiten dürfen. Aber auch dieses Vergnügen wird seitens der Tierschützer immer mehr hinterfragt.

Der Menschenfresser Wakamba

Schon um das Jahr 1900 machte ein schwarzer Mann von sich reden, der als »Menschenfresser« den Volksfestbesuchern kalte Schauer über den Rücken jagte. Die Idee dazu hatte ein arbeitsloser Malergeselle aus Gaisburg, der auf der Suche nach einer Verdienstmöglichkeit war. Er malte sich von oben bis unten schwarz an, zog sich Ringe durch die Nase und die Ohren, band sich einen Lendenschurz um und bot sich auf dem benachbarten Volksfest den Schaustellern als Sensation an. Er käme aus Afrika und gehöre zu dem bekannten Menschenfresserstamm der Wakamba. Der Ausrufer schilderte den Mann in den gruseligsten Varianten. Viele mutige Männer wagten sich dann doch in die Schaubude, bis ein kleiner Junge das Schauspiel beendete. Trotz der Warnungen aller Zuschauer bestieg er das Podium mit den Worten: »Vor dem brauch' i doch koi Angscht han, des isch doch bloß mei Vaddr«. Später machten sich auch andere die Idee zu eigen und der Stamm der Wakamba auf dem Cannstatter Wasen wurde immer größer. Noch heute tragen die Gaisburger den Spitznamen »Wakamba«.

Josef Eberle, der langjährige Mitherausgeber der Stuttgarter Zeitung, hat unter seinem Pseudonym Sebastian Blau 1946 die Geschichte in Reime gefasst:

<u>Dr' Neger Wakamba</u>

Ui jees, ui jees,
wa ist ao des?
Stend näher na', noh seahnt'rs besser,
Potzblitz, descht jo e Menschefresser!
E Ma' wia Boom ond schwaaz wia Grabb,
ond uf em Aohr e Zottelkapp,
ond Hoor aus schwaazer Wolle',
ond en dr Nas en Messingreng,
ond mo es Maul ist, hot dear Deng
 e Luppel – ganz verschwolle'.
 Ond wia-n-r-d Auge' rolle ka',
 ond wie-n-r Zeh' ka' blecke'-
 ao eme' kurraschierte' Ma'
 gohts Zäpfle na vor Schrecke'!
Gent acht, iatz macht'r Konststück vor:
r sait, r fress mit Haut ond Hoor,
aubrote'-n-ond augsotte'

e Kälble, wiea-n-es leib ond leb,
so mache-s d' Hottedotte'.
Jatz aber, weil r grad kois häb
(narr, s Kalbfloasch sei so teuer),
drom fress r halt nao Feuer.
   Noh nemmt r aus're Flasch en Schluck
   ond aus seim schwaaze' Maul raus, guck!
   konnt – jesmariand josef! – zmol
   e geal ond raoter Fuierstrohl!
   Noh wischt r d Gosch am Ärmel a
   ond lachet ond sait babbela [...]
Ob dear vo' jeher Neger gwea?
Ob dear et Farb loht, wemma'-n wäscht?
I moa', I häb dean Ma' schao gseah'
en Häslich uf em Schützefest [...].

Der Blick ins Jenseits

Das »Weltpanorama« bot seinen Besuchern, wie zuvor bereits berichtet, einen Einblick in fremde Länder und in frühere Zeiten. Das ließ sich jedoch noch steigern. Der Besenwirt Rudolf Bühler, der im Bohnenviertel unter dem Spitznamen »Krabbadusel« bekannt war, soll die Idee gehabt haben: Er schlug am Rande des Volksfestes ein kleines Zelt auf, an dem ein Schild für nur fünf Pfennige einen »Blick ins Jenseits« versprach. Nachdem man bezahlt hatte, ging man durch den Spalt in der Zeltwand und stand dann im Zelt, das keine Rückwand hatte. Man blickte vielmehr über den Neckar zum jenseitigen Ufer und musste sich eingestehen, dass einen der Schlaumeier zwar veräppelt und um fünf Pfennig erleichtert, aber nicht belogen hatte. Natürlich erzählte man das Erlebnis dem nächsten, der vor dem Zelt wartete, nicht weiter, sondern genoss die Schadenfreude darüber, dass der dasselbe erlebt.

Hau den Lukas, Graphologen und Scherenschneider

In den Anfängen der Kinematografie gab es Schaubuden, in denen man zwar ziemlich verwackelte, aber dennoch bewegte Bilder bestaunten konnte. Diese waren nicht aus der Phantasie der Kulissenmaler entstanden, sondern real existierende Menschen und Tiere aus fremden Ländern. Gezeigt wurden insbesondere exotische Szenen und Filme, die sagenhafte Landschaften und Städte zeigten, beispielsweise den Urwald oder die Wüste, bzw. New York oder Rio de Janeiro. Bis in die heutige Zeit gab und gibt es manchmal Scherenschneider, die in einer Minute das Profil ihrer Kunden ausschneiden oder Graphologen, die der Braut aufgrund der Unterschrift ihres Bräutigams dessen Charakter offenbaren. Aber auch ein »Hau den Lukas« darf nicht fehlen, an dem die, durch den Biergenuss gestärkten, Männer ihren Begleiterinnen zeigen können, dass sie das Kraftmessgerät zum Klingeln bringen können.

Bis in die 1970er Jahre gab es mehrere Buden mit Boxschauen »weltberühmter Meisterboxer«, die im Halbstundenrhythmus spannende Kämpfe austrugen. Zuschauern, die sich selbst stark fühlten, versprach man satte Gewinne, wenn man die Meisterboxer im Zelt vor Publikum besiegen konnte. Meistens meldete sich dann ein schmächtiger Zuschauer, der plötzlich den starken Boxer besiegte. Was keiner wusste: auch er gehörte zur Mannschaft. Auch in den letzten Jahren stand immer wieder ein Boxzelt auf dem Wasen: der »Sportpalast« und »Fight Club« von Charlie Schultz.

Eine ebenfalls heute noch erfolgreiche Attraktion sind die Steilwandfahrer, die auf schweren Maschinen wie ein Hornissenschwarm kreuz und quer in atemberaubendem Tempo im Kessel umherbrausen. Manchmal kommen sie ganz nach oben an den Rand, so dass die Zuschauer, die jede Vorbeifahrt durch die Bewegungen des Holzkessels direkt spüren, angstvoll zurückweichen. Bis zu 10 Zentimeter machen die Schwingungen aus. Familie Blume, die seit Jahrzehnten das Geschäft betreibt, kann auf einen Eintrag im Guiness-Buch verweisen: Sie hält mit 7 Stunden und 13 Sekunden den Rekord im Dauer-Steilwandfahren.

Illusionen, Varietés und Geisterbahnen

Bis in die 1960er Jahre erfreute man sich in Varietétheatern an schönen Kostümen bzw. hoffte darauf, möglichst unter die Kostüme blicken zu können, wenn ein »Original Cancan aus dem Lido in Paris« angekündigt war. Man betrachtete die Liliputstadt mit berühmten Gebäuden aus aller Welt, bestaunte im »Varieté Schneider« verschiedene Personen mit zwei Köpfen oder die »Dame ohne Unterleib«.

Manchmal wurden auch Menschen mit besonderen Gebrechen zum Gegenstand der Unterhaltung gemacht. Beispielsweise »Lionel der Löwenmensch«, der vor dem Ersten Weltkrieg auf dem Volksfest zu sehen war. Der Darsteller litt an Hypertrichose, also an Haarwuchs an Stellen, an denen normalerweise kein Haar wächst. Er nutzte diesen Umstand als Verdienstmöglichkeit in schwierigen Zeiten, in dem er behauptete, seine Mutter habe sich während ihrer Schwangerschaft in einen Löwen verliebt und frisierte sein Gesicht zu einer Löwenmaske. Als Sensation bereiste er Volksfeste und Zirkusveranstaltungen in ganz Europa und den Vereinigten Staaten.

Um die Jahrhundertwende zeigte und sah man gerne auch abnorm gewachsene Menschen, wie besonders kleinwüchsige in Liliputanerschauen oder Riesenmenschen. Stars dieser Zeit waren auch die »Kolossalgeschwister« aus Ostpreussen, die als Kinder zu dritt fast 400 Kilo auf die Waage brachten und sich auf Volksfesten in Deutschland und der Schweiz zur Schau stellten.

Auch das Spiegelkabinett ist heute noch auf dem Volksfest zu sehen, ebenso wie die Geisterhäuser und Geisterbahnen, die stets einer Modernisierung bedürfen, um den Grusel perfekt zu

Die »Kolossal-Geschwister«.

machen. Vor Jahren versuchte man, die maschinellen Geister immer perfekter zu gestalten, heute erschrecken wieder, wie einstmals, verkleidete Mitarbeiter die Mutigen, die im wackeligen Wägelchen durch die Dunkelheit fahren.

Karussells, Riesenrad und Achterbahnen

Schon im Mittelalter gab es Karussells, allerdings nicht, um darauf im Kreis herumzufahren. Sie waren ein Trainingsgerät der Ritter, die sich für Lanzenwettbewerbe, bei denen ein Ring mit der Lanze aufgespießt werden sollte, fit machen wollten. Man hing die Ringe an ein Karussell und drehte es im Kreis, die Ritter ritten nacheinander an und spießten die Ringe auf. Weil die meisten Menschen Rechtshänder waren – die Lanze also mit dem rechten Arm hielten – musste das Karussell ihnen die Ringe auf dieser Seite entgegendrehen. Deshalb drehen sich alle Karussells, auch heute noch, gegen den Uhrzeigersinn. Mit den Volksfesten kamen auch die Karussells, bei denen man auf einem Pferd sitzend im Kreis fahren konnte. Das »Amts- und Intelligenzblatt für das Oberamt Cannstatt« schreibt im Jahr 1858: »Dagegen nehmen die Karussells mit jedem Jahr zu an Zahl, an Größe und an Eleganz und werden bald kein kindliches Erleben mehr sein, denn sie werden von Erwachsenen weit mehr benützt als von Kindern«.

Die Fahrgeschäfte mussten sich natürlich dem Zeitgeist anpassen. Bereits im Jahr 1906 gab es auf dem Cannstatter Wasen ein Automobil-Karussell und nur 7 Jahre darauf ein Aeroplan-Karussel, bei dem man im Flugzeug sitzend im Kreis fliegen konnte. Nach dem Zweiten Weltkrieg ging es noch höher hinaus. Lange vor der Apollo-Mondlandung gab es im Jahr 1952 auf dem Volksfest die »Raketenfahrt zum Mond«. In unseren nostalgischen Zeiten haben heute die ursprünglichen Figuren wieder Einzug gehalten und man reitet auf Pferdchen im Kreis. Dazu ertönt wie früher die Musik einer geschmückten Orgel. Wer natürlich doch ein bisschen Nervenkitzel haben möchte, für den ist eine Fahrt mit dem Kettenkarussel das Richtige. Schon in den 1920er Jahren waren Kettenkarussels eine Attraktion. Als 1972 der »Wellenflug« erfunden wurde, machte das Auf und Ab noch mehr Spaß. Mit dem 21. Jahrhundert wurden Kettenkarussels modern, die ihre mutigen Fahrgäste in mehr als 50 Meter Höhe im Kreis wirbeln.

Das erste Riesenrad in der Region Stuttgart stand sicherlich im Dörfle, das Herzog Karl Eugen für seine Franziska in Hohenheim errichten ließ. Man nannte den vertikalen Karuselltyp damals »Russische Schaukel«. Im Jahr 1897 stellte man zur Feier des 50. Geburtstags von Kaiser Franz Joseph I. von Österreich auf dem Pratergelände von Wien ein Riesenrad auf. Das weltberühmte Wiener Riesenrad hat eine Höhe von knapp 61 Meter. Nur etwa einen Meter niedriger sind die größten transportablen Riesenräder, von denen mindestens eines zu Volksfestzeiten auf dem Cannstatter Wasen steht. Beispiele sind das Riesenrad der Familie Steiger oder der »Expo Star« der Schaustellerfamilie Bruch, die seit Mitte des 19. Jahrhunderts mit Karussells und Riesenrädern unterwegs ist und ihr erstes Riesenrad bereits ein Jahr vor dem berühmten Wiener Riesenrad gebaut hat. Eine Fahrt mit dem Riesenrad ist wie ein kleiner Rundflug über dem Wasen und über der Stadt. Man sollte eigentlich einmal tagsüber und einmal abends fahren, um die Landschaften und die Stimmungen bei Sonnenschein und im Lichtermeer zu erleben.

Der Ursprung der Achterbahnen war eine frostige Angelegenheit und liegt in Russland. Bis zu 20 Meter hohe Holzgerüste wurden mit Wasser übergossen und bildeten gefrorene Rutschbahnen. Auf einer Decke oder einem Fell sitzend, sausten dann mutige Männer ins Tal hinab. In Westeuropa nannte man die Bahnen »Russische Berge«. Die Franzosen entwickelten das System schließlich weiter, indem sie Wägelchen mit Rollen auf die Holzgerüste setzten. Im Land der unbegrenzten Möglichkeiten, den Vereinigten Staaten, wurden die Gerüste schließlich aus Stahl gebaut und erfreuten ab dem Beginn des 20. Jahrhunderts die Besucher der Vergnügungsparks. Obwohl die Grundlage der Achterbahn ursprünglich ein Rundkurs in Form einer Acht ist, wurden die Strecken mit allerhand Schleifen und Berg- und Talfahrten immer länger und spektakulärer. 1910 baute der berühmte Achterbahnkonstrukteur Hugo Haase aus Hannover seine Bahn auf dem Wasen auf, die Fahrt kostete 80 Pfennig und war damit doppelt so teuer als eine Fahrt mit dem Karussell. 1938 wurde die rasante »Himalayabahn« in Betrieb genommen. Im Jahr darauf war sie bereits ziemlich weit aufgebaut, als das Volksfest wegen des Kriegsausbruchs abgesagt wurde. So blieb das hölzerne Gerüst über den Krieg stehen und wurde nach dem Krieg als Brennholz verheizt.

Bereits beim dritten Volksfest nach dem Krieg im Jahr 1952 verweist das Schaustellerverzeichnis wieder auf vier sogenannte »Hochfahrgeschäfte«: zwei Achterbahnen, eine »Schlangenbahn« und eine »Teufelskutsche«.

Die technischen Möglichkeiten schaffen heute immer spektakulärere Fahrvergnügen. Die Konstrukteure der Achterbahnen reizen die Sinne der Fahrgäste immer mehr, beachten aber die Balance zwischen dem Gefühl der Angst, dass der Wagen gleich abstürzt und dem Gefühl der Sicherheit, dass ja nichts passieren kann. Ob mit Loopings, plötzlichen Kurvenfahrten, nahezu senkrechten Stürzen und Geschwindigkeiten von mehr als 100 Stundenkilometern – die Fahrgäste erwarten das Höchste, das Schnellste und das Längste.

Das Los zum Glück

Bis in die Mitte des 19. Jahrhunderts waren Glücksspiele auf Jahrmärkten keine Seltenheit. So war es auch auf dem Volksfest, wo bald nicht nur Würfelspiele den Leuten das Geld aus der Tasche lockten, sondern auch Roulettespiele immer mehr beliebt wurden. Das Cannstatter Schultheißenamt brauchte lange, bis die »kleinen grünen Tische« zurückgedrängt wurden. Erst im Jahr 1853 verkündet die Zulassungsordnung: »Damit sodann diejenigen, welche einen Scholdertisch auf dem Volksfest zu errichten beabsichtigen, sich nicht vergeblich hierher bemühen, wird die Nachricht gegeben, dass wie seit Jahren so auch auf bevorstehendem Feste kein Glücksspiel irgendwelcher Art geduldet wird«. An die Stelle der Roulettetische traten umgehend die Losbuden, die ja bekannterweise einen Gegenwert für das Los anboten, wenn es keine Niete war. Mit einem, stets dem Zeitgeschmack angepassten Sortiment, sind es heute mehrere bunte, funkelnde und glitzernde »Paläste«, die mit dem Wort »Losbude« rein gar nichts mehr zu tun haben. Darunter gibt es einen, bei dem man nur Pflanzen gewinnen kann und andere, bei denen es keine Nieten gibt.

Schießbuden

Von Anfang an fanden zusammen mit dem Volksfest auch Schützenwettbewerbe statt, teilweise sogar über die Volksfestzeit hinaus. So wurde beispielsweise das »Scheibenschießen« im Jahr 1820 als legale Volksfestnachfeier eingeführt. Die nicht zu einem Schützenverein gehörenden Volksfestbesucher warfen Bälle auf Dosen oder Ringe auf Holzstöcke. Später wurden die Schießbuden erfunden, die sich äußerster Beliebtheit erfreuten, konnte man doch der Dame seines Herzens eine Rose schießen. Schon 1952 und damit nur sieben Jahre nach Kriegsende gab es 22 Schießhallen auf dem Cannstatter Wasen, darunter bereits eine, die bei Treffern ein Foto aufnahm.

Schiffschaukeln und Box-Autos

Ein beliebtes und im pietistischen Württemberg eigentlich unkeusches Volksfestvergnügen waren die Schiffschaukeln. Konnte man doch den Damen dabei unter die wehenden Röcke schauen. Und beim Überschlag erst ...

Im Jahr 1952 stehen sieben Schiffschaukeln im Schaustellerverzeichnis, darunter der berühmte »Überschlag«, der aus Amerika kam und mit dem man einen Looping schaukeln konnte. Das war das Ziel dynamischer junger Männer, die lässig eine Zigarette im Mundwinkel, Looping um Looping drehten und die Pettycoats ihrer Freundinnen wehen ließen.

Heute gehen die jungen Leute oft direkt ins Festzelt und stehen dort auf den Bänken. In den 1960er und 70er Jahren war der Treffpunkt der »Autoscooter« – die Boxautobahn. Beneidet wurden die Helfer, die keinen Chip hineinstecken mussten, sondern mit dem Dauerschlüssel oft in atemberaubender Geschwindigkeit rückwärts über die Piste sausten.

Engagierte Helfer machen die Feste erfolgreich

Die Wasenwache der Polizei

Engagierte Helfer machen die Feste erfolgreich. Von Anfang an war das Volksfest nicht nur Schauplatz friedlichen Miteinanders. Nicht nur in Bayern wurde in Bierzelten früher gerne gerauft. Über die Zeiten wurden immer wieder derartige Unverträglichkeiten aktenkundig. Deshalb gibt es auch seit über 100 Jahren die Wasenwache der Polizei.

In unseren Zeiten sind die Ansprüche an die persönliche Sicherheit weitaus höher, als das früher der Fall war. Und das nicht nur, was das Raufen betrifft. Brandschutz und Fluchtwege sind ebenso wichtige Sicherheitsthemen, die heute genau in Regeln erfasst sind und für deren Einhaltung der Veranstalter sorgen muss. Deswegen kontrollieren Dutzende von Sicherheitsleuten an den Zugängen des Festplatzes und schauen darauf, dass sich in

Wasenwache 1909.

den Taschen oder Rucksäcken der Besucher keine verbotenen Gegenstände befinden. Was verboten ist, bestimmt die gültige »Benutzungsordnung für den Cannstatter Wasen«. Sie gilt sowohl für das Volksfest als auch für das Frühlingsfest.

Waffen jeglicher Art oder andere gefährliche Gegenstände dürfen zum Beispiel nicht mitgenommen werden. Dasselbe gilt für Feuerwerkskörper oder andere pyrotechnische Gegenstände. Das Feuermachen ist sowieso verboten. Mit Ausnahmen von Blindenhunden dürfen auch keine Tiere mit auf den Festplatz. Außerdem ist es verboten, irgendetwas zu beschädigen, zu beschriften, zu bemalen, zu bekleben oder sonst wie zu verunstalten.

Kurz gesagt: Innerhalb des Festgeländes hat sich jeder so zu verhalten, dass andere nicht geschädigt, gefährdet, behindert oder belästigt werden. Wer sich daran hält, bekommt auch keine Schwierigkeiten mit den Ordnern oder gar mit der Polizei.

Deren Standort ist die Wasenwache. Sie ist in Festzeiten rund um die Uhr besetzt und kontrolliert auch, dass sich zwischen 01:30 und 06:00 Uhr niemand auf dem Gelände befindet, der dazu nicht berechtigt ist. Ungefähr 90 Beamte an den Wochentagen und 120 Beamte an den Wochenenden sind hier in verschiedenen Schichten eingesetzt, gehen in Uniform Streife oder beobachten in Zivilkleidung das Geschehen neben dem frohen Feiern, wie beispielsweise den Drogenhandel. Im Notfall muss dann eingegriffen werden. Manchmal ist es auch nötig, dass jemand, der zu viel über den Durst getrunken hat, in einer der Ausnüchterungszellen übernachten muss. Natürlich streng nach Männlein und Weiblein getrennt. Wie unkomfortabel und im wahrsten Sinne anrüchig diese Übernachtungsmöglichkeit ist, merken viele erst am nächsten Morgen. Eine aktuelle Zahl zeigt die Notwendigkeit der Polizisten auf dem Wasen: Während des Volksfestes im Jahr 2017 kam es zu 677 Straftaten, darunter 244 Körperverletzungen.

Auch in früheren Zeiten hatte die Polizei auf dem Volksfest genug zu tun. Bereits ab dem ersten Volksfest im Jahr 1818 wurden die Oberämter (altes Wort für Landkreise) angewiesen, »Bettler, Gauner und Vaganten vom Landwirthschaftlichen Fest fernzuhalten«. Trotzdem wurde im darauffolgenden Jahr berichtet: »Gauner und Taschendiebe wussten sich freylich das Menschengewimmel, auf eine für manchen Zuschauer sehr unangenehme Weise, zu Nutzen zu machen«. Daraufhin wurden zehn Gendarmen als Festpolizei verpflichtet.

Über Jahrzehnte wurde der Sicherheitsdienst im 19. Jahrhundert durch das Landjägerkorps bestritten. Im Jahr 1905 ging mit dem Zusammenschluss der Städte Stuttgart und Cannstatt die Verantwortung auf die städtische Stuttgarter Schutzmannschaft über.

Dass die Polizisten auf dem Wasen genug zu tun hatten, beweist die folgende Aufzählung besonderer Vorkommnisse des Polizeihistorischen Vereins Stuttgart e. V.:

- Beim Landwirtschaftlichen Fest des Jahres 1826 stürzte die Tribüne ein, wobei ein Zuschauer getötet und acht schwer verletzt wurden.

- Am 27. September des Revolutionsjahres 1848 befürchtete man Unruhen auf dem Volksfest und ließ die als regierungstreu geltenden Stuttgarter und Cannstatter Bürgerwehren aufmarschieren.

- Beim Landwirtschaftlichen Fest des Jahres 1859 wurde ein Bauarbeiter beim Abbau der Ehrentribüne von einem Balken erschlagen.

- Am 30. September 1928 wurde in zwei überfüllten Bierzelten mit falschen Hundert-Reichsmark-Banknoten bezahlt. Die später festgenommenen Fälscher waren ein Kunstmaler und ein Flaschner, die 30 Banknoten hergestellt, jedoch mit der Verbreitung erst begonnen hatten.

- Beim Volksfest 1961 wurde vermerkt, dass »über Gebühr viele Frauen betrunken sind«. Dass auch viele Männer zu viel getrunken hatten, beweist die Tatsache, dass auf der Heimfahrt Straßenbahnfenster eingehauen und Schaffner blutig geschlagen wurden.

- Am 29. September 1963 wurde ein 27-jähriger Polizist, der in der Wasenwache Dienst hatte, in der Mercedesstraße von einem

Auto angefahren und so schwer verletzt, dass er kurz darauf starb.
- Am 29. September 1968, dem Jahr vieler Studentenunruhen, wurden 630 Polizisten zur Begleitung des Volksfestumzuges eingesetzt.
- Am 10. Oktober 1978 wurde ein 33-jähriger Schausteller nach einer Zechtour in der Nähe des Cannstatter Volksfests mit einer Eisenstange erschlagen. Der Täter, der in der Tatnacht 21 Jahre alt geworden war, wurde zu einer Freiheitsstrafe von 15 Jahren mit anschließender Unterbringung in der Psychiatrie verurteilt.
- Am 30. September 1979 kam es zu einem tödlichen Betriebsunfall: Ein Schausteller stürzte von einer rotierenden Gondel. Im Jahr darauf kam es an einem Karussell zu einem Unfall, bei dem ein junges Mädchen sterben musste.
- Ein tödlicher Betriebsunfall geschah am 14. Oktober 1985, als ein 25-jähriger Schaustellergehilfe beim Abbau der »Himalayabahn« von einem acht Tonnen schweren Betonblock zerquetscht wurde, der von einem Kran hinab fiel.
- Am 4. Oktober 1992 erschoss der 28-jährige Betreiber einer Varieté-Bude gegen 21:50 Uhr aus Versehen einen Unbeteiligten, der auf dem Transport ins Krankenhaus starb. Der Täter flüchtete zunächst, wurde aber noch in derselben Nacht beim Tanken an einer Autobahnraststätte festgenommen.
- Kurz vor 22 Uhr kam es am Hintereingang eines Festzeltes am 2. Oktober 1996 zu einer Messerstecherei. Ein 24-jähriger Mann, der seine Freundin belästigt glaubte, stach auf einen 18-Jährigen ein, der mit lebensgefährlichen Verletzungen ins Krankenhaus kam.
- Am 11. Mai 2015 wurden ein 19-jähriger und zwei 20-Jährige festgenommen, die auf dem Frühlingsfest versucht hatten, falsche 50 Euro-Scheine in Umlauf zu bringen. Bei der Wohnungsdurchsuchung wurden weitere 69 falsche Scheine und außerdem 230 Gramm Marihuana sowie 70 Ecstasy-Tabletten gefunden.

Das Deutsche Rote Kreuz

Schlimm ist es, wenn manche den Alkohol nicht vertragen, umfallen, sich verletzen oder gar durch Gewalttätigkeiten verletzt werden. Dann sind die ehrenamtlichen Helfer vom Deutschen Roten Kreuz gefragt. Bis zu 20 Helfer und zwei Notärzte sind in den Räumen neben der Wasenwache vor Ort. Sie versorgen bei jedem Volks- oder Frühlingsfest Hunderte von Patienten mit Pflastern oder Verbänden und veranlassen, wenn es schlimmer ist, einen Notarzteinsatz und den Transport ins Krankenhaus. Ärgerlich ist es, wenn verständnislose Volksfestbesucher die Rettungsfahrzeuge in den Volksfestgassen oder die Helfer in den Festzelten blockieren und nicht durchlassen. Frustrierend für die Helfer ist es besonders, wenn Gaffer ihre ehrenamtliche Arbeit mit dummen und aggressiven Sprüchen herabwürdigen, sie anrempeln und womöglich vom Hilfsbedürftigen und seinen Helfern auch noch Handyfotos mit blöden und unverschämten Kommentaren ins Internet stellen.

Beim Volksfest im Jahr 2017 waren 1.000 Einsätze der Rotkreuz-Helfer nötig.

Der Wasendoktor

Auch ein Arzt ist vor Ort. Zwar weniger für die Hilfe malader Volksfestbesucher, sondern für die vielen Schausteller und ihre Helfer – und das über die Volksfestzeit hinaus. Es kommt nämlich auch während des Auf- und Abbaus der Fahrgeschäfte und Schaubuden zu Erkrankungen. Das müssen nicht immer Verletzungen sein. Manchmal haben die Patienten des Wasenarztes auch eine schlimme Erkältung, einen Magen-Darm-Infekt oder gar einen Hexenschuss. Der Wasendoktor hat die notwendigen Hilfsmittel meist bei sich. Über Jahrzehnte übte Doktor Rolf Kübler den Dienst als »Wasendoktor« aus – und das neben seiner eigenen Arztpraxis im Stuttgarter Osten.

Das Jugendamt

Insbesondere an Wochenenden sind die Mitarbeiter des städtischen Jugendamtes auf dem Cannstatter Wasen. Sie überprüfen, ob die Jugendschutzbestimmungen eingehalten werden. Laut Benutzerordnung dürfen beispielsweise Kinder unter sechs Jahren nach 20 Uhr nicht mehr in den Festzelten sein – auch nicht in Begleitung Erwachsener. Wer noch keine 14 Jahre alt ist, darf sich nach 20 Uhr nicht mehr auf dem Cannstatter Wasen aufhalten und wer noch keine 16 Jahre alt ist, muss vor 22 Uhr die Festwiese verlassen – es sei denn, ein Erziehungsberechtigter ist dabei. Manche Jugendliche probieren das »Komasaufen« und werden entsprechend alkoholisiert in der Wasenwache bei der Polizei oder beim Deutschen Roten Kreuz abgeliefert. In diesem Fall werden auch die Mitarbeiter des Jugendamtes informiert, die sich dann mit den Eltern in Verbindung setzen. Manchmal werden aber auch »Test-Jugendliche« losgeschickt, die versuchen, Alkohol oder Rauchwaren zu kaufen. Nur auf diese Weise kommt man manchen unbelehrbaren Verkäufern auf die Schliche.

Die Kindersammelstelle

Im Jahr 1867 wurde erstmals eine Kindersammelstelle auf dem Cannstatter Volksfest eingerichtet. Sie war offensichtlich notwendig geworden, denn gleich im ersten Jahr wurden dort 50 Kinder abgegeben. Die Kindersammelstelle wird seit vielen Jahren vom Deutschen Roten Kreuz betrieben und wie zu den Anfängen schließen dort jedes Jahr Dutzende verzweifelte Eltern ihre im Festtrubel verloren gegangenen Sprösslinge wieder in die Arme.

Die Heimweghilfe

Gleich neben den Räumen des Deutschen Roten Kreuzes befindet sich die Heimweghilfe. So etwas gibt es bei keinem anderen Volksfest in Deutschland. Seit mehr als 50 Jahren fahren zuverlässige Helfer Volksfestbesucher, die nicht mehr ganz fahrtüchtig sind, in deren Privatauto nach Hause. Die Fahrt im eigenen PKW ist sogar kostenlos, bezahlt werden muss nur das Taxi für die Rückfahrt des Fahrers zum Cannstatter Wasen.

Gepäckaufbewahrung und Fundstelle

Neben der Wasenwache befindet sich die Gepäckaufbewahrung. Hier kann man beispielsweise Motorradhelme oder seine Reisetasche abgeben, wenn man sie nicht mit ins Festzelt oder in die Fahrgeschäfte nehmen will bzw. darf. Man darf sie nur nicht dort vergessen, sie müssen noch am selben Tag abgeholt werden.

Falls man doch etwas vergisst oder irgendwo liegenlässt, muss man auf ehrliche Finder hoffen, die den Fund zur Fundstelle bringen. Die Fundstelle liegt ebenfalls neben der Wasenwache. Wenn das Gedächtnis an die letzten Stunden des Volksfestbesuchs wegen den vielen Maß Bier längere Zeit, womöglich sogar über das Ende des Volksfestes hinaus ausfällt, kann man den verlorenen Gegenstand beim städtischen Fundbüro in der Hauptstätter Straße 66 abholen. Dorthin werden nämlich die nicht abgeholten Funde nach Ende des Festes gebracht.

Der Wasengottesdienst

Den Wasengottesdienst gibt es schon seit über 40 Jahren. Er dauert an einem Volksfesttag vormittags von 10 Uhr etwa eine Stunde und findet in einem Festzelt statt. Entweder in einem Bierzelt, im

Weinzelt Cannstatter Oberamt oder beim Frühlingsfest im Almhüttendorf. Daher gibt es Platz für eine große Gemeinde dieses ökumenischen Gottesdienstes. In welche Kirche passen schon mehr als 2.000 Gemeindeglieder? Deshalb sitzen nicht nur Schausteller, Händler und Wirte beim Gottesdienst, sondern auch viele Wasenbesucher, für die dieser Auftakt ihres Volksfestbesuches schon zur lieben Tradition geworden ist. Insbesondere, weil in den letzten Jahren die Gottesdienste auch in schwäbischem Dialekt abgehalten wurden. Die Wasenpfarrer besuchen aber auch die Schaustellerfamilien in deren Wohnwägen, wenn sie Bedarf nach einem tröstenden oder ermunternden Gespräch haben oder einen Ratschlag für ihr Seelenheil benötigen.

Die Wasenschule

Auch Schausteller haben schulpflichtige Kinder. Und nicht jeder will seine Sprösslinge ins Internat geben. Deshalb ist es wichtig, dass in der Nähe des Festplatzes eine Unterrichtsmöglichkeit vorhanden ist. Beim Cannstatter Wasen bietet ein Schulungsraum der Stuttgarter Feuerwehr, deren Wache direkt neben dem Volksfestgelände liegt, diese Möglichkeit. Natürlich sind nicht alle Kinder gleich alt. Deshalb hat jedes seinen eigenen Lehrplan, der individuell behandelt werden muss. Der Unterricht wird von sogenannten Bereichslehrkräften geleitet, die vom Kultusministerium speziell mit der Förderung von Kindern beruflich Reisender beauftragt sind. Ihnen stehen bis zu 15 ehrenamtliche Bildungspaten zur Seite. Das sind zwar keine ausgebildeten Lehrer aber motivierte Erwachsene, die durch eigene Bildung und Berufstätigkeit so viel Wissen erworben haben, dass sie Kindern und Jugendlichen beim Lernen zur Seite stehen können. Die Betreuung der Schaustellerkinder hat übrigens eine lange Tradition. Bereits beim Volksfest im Jahr 1910 wurde eine derartige Einrichtung betrieben.

Volksfeste auf dem Cannstatter Wasen

Vereinsaktivitäten um das Cannstatter Volksfest

Seit 1994 gibt es den Cannstatter Volksfestverein. Unter der Präsidentschaft von S.K.H. Herzog Carl von Württemberg fanden sich damals heimatverbundene Bad Cannstatter zusammen, um die Traditionen des Cannstatter Volksfestes zu bewahren. Zwischenzeitlich haben sich etwa 560 Mitglieder diesen Zielen verschrieben und sind aktiv am Cannstatter Volksfest beteiligt. Darunter sind namhafte Persönlichkeiten wie beispielsweise der »Wasenbürgermeister« und Erster Bürgermeister der Landeshauptstadt Stuttgart Michael Föll, die Volksfestwirte Sonja Merz, Karl-Josef Maier und Hans-Peter Grandl, die Kommunalpolitiker Robert Kauderer und Roland Schmid und viele andere mehr. Das Präsidentenamt ist zwischenzeitlich von S.K.H. Herzog Carl auf seinen Sohn, S.K.H. Herzog Michael von Württemberg übergegangen.

Der Volksfestumzug

Gleich im Jahr nach der Gründung, veranstaltete der Verein anlässlich des Volksfestes 1994 nach langer Zeit wieder einen Festumzug. Seither nimmt der Volksfestverein in jedem Jahr diese Aufgabe wahr und die Umzüge sind als feste Institution vom Volksfest nicht mehr wegzudenken. Mit über 100 Gruppen und etwa 3.000 Teilnehmern zieht sich der festlich geschmückte Zug vom Kursaal durch die Stadt zum Festplatz hin, allein die Vorbereitung der Strecke die Dekoration der Häuser und der Festwagen

Die 4,80 Meter hohe »Cannstatter Kanne« des Cannstatter Volksfestvereins.

ist eine logistische Meisterleistung. Außerdem müssen Möglichkeiten geschaffen werden, in denen sich die Teilnehmer umziehen können, die Tiere müssen versorgt und Parkplätze abgesteckt werden sowie vieles mehr. Regelmäßig wird der Festumzug im Fernsehen übertragen und wirbt damit bei Hunderttausenden Fernsehzuschauern für die wichtigste Veranstaltung im Jahr. Zwei- bis dreihunderttausend Zuschauer machen sich jedes Jahr am ersten Volksfestsonntag auf nach Bad Cannstatt, um selbst dem Umzug und den prächtigen Gruppen zuzuschauen.

Unterschiedliche Themen bestimmen den Umzugsreigen: Im Jahr 2017 ging der »Wasenhasi« als Symbolfigur des Festes dem Zug voran und in der ersten Abteilung lautete das Thema: »Cannstatt und sein Volksfest«. Zu den 39 Gruppen gehörten einige Festwagen, zwei Brauereigespanne, und 9 Kapellen, darunter der Spielmannszug des Brauchtumsvereins Kübelesmarkt Bad Cannstatt. Die zweite Abteilung bestand aus 16 Gruppen, die das Thema »Schaffa ond Feira – Traditionen im Ländle« darstellten. Vertreten waren z.b. die Württembergischen Weinhoheiten mit einer Weinbauspritze aus dem Jahr 1938, ein Rottenburger Hopfenwagen und der Schäfertanz Markgröningen. Unter der Überschrift »Bürger im bunten Rock« traten sieben historische Bürgerwehren auf und 14 Gruppen zeigten Trachtenhochzeiten unter dem alten württembergischen Hochzeitsmotto: »Liebe vergeht, Hektar besteht«. Zu guter Letzt präsentierten 18 der insgesamt 94 Gruppen »Die schönsten Trachten aus dem Ländle«. Den Schluss machte wie üblich das Rossbollakommando, das die Hinterlassenschaften der vielen Pferde wegräumte.

Der Volksfestumzug 2018

Beim Festumzug im 200. Jahr des Volksfestes will der Volksfestverein an die ersten Jahrzehnte des Festes erinnern. Die Bewerbungsbedingungen besagen, dass »ausschließlich Trachtengruppen, Bürgerwehren und vor allem Gruppen mit bäuerlichen, handwerklichen und historischen Darstellungen eingeladen sind, die historisch einwandfreie Kleidung (Trachten, bzw. Uniformen) nachweisen und eine Gruppenstärke von mindestens 20 Personen aufweisen können. Musikkapellen und Spielmanns- und Fanfarenzüge können sich ebenfalls bewerben, wenn sie eine historische Tracht oder Uniform tragen«.

Man darf sich jetzt schon darauf freuen, bei der ursprünglichen historischen Kombination von Landwirtschaftlichem Hauptfest und Cannstatter Volksfest in die Entstehungszeit zurückversetzt zu werden. In Erinnerung an König Wilhelm I. und

Königin Katharina findet zudem auf dem Stuttgarter Schlossplatz ein historisches Volksfest statt. Man kann sich in Fahrgeschäften aus längst vergangenen Tagen vergnügen, Gaukler und Akrobaten bestaunen, alt ehrwürdige Handwerksberufe neu kennen lernen und landwirtschaftliche Tiere alter Rassen bestaunen. Auch für den Wasen selbst sind viele Fahrgeschäfte und Schaustellerbuden vorgesehen, die es bereits vor vielen Jahrzehnten gab.

Die Volksfestzeitung

Zu den selbst gesetzten Aufgaben des Volksfestvereins gehört auch die Herausgabe einer jährlichen Volksfestzeitung. Zwischenzeitlich ist das seit dem Jahr 2000 erscheinende Heft 71 Seiten stark und vierfarbig auf Hochglanzpapier gedruckt. Die Auflage beträgt 60.000 Exemplare. Die immer im August erscheinende Volksfestzeitung ist eine interessante Mischung aus Geschichte und Geschichten rund um das Volksfest, Informationen zu den Einrichtungen und Örtlichkeiten

Volksfestzeitung von 1907.

des Cannstatter Wasens und schließlich Werbeanzeigen der Volksfestwirte und Schausteller. Damit hat der Volksfestverein eine alte Tradition wieder aufgegriffen. Bereits im Jahr 1907 erschien eine Volksfestzeitung, die auf die damals übliche Art und Weise über das Fest und seine Einrichtungen berichtete. Die Werbeanzeigen des ersten Exemplars geben einen interessanten Einblick in die Werbewelt vor mehr als hundert Jahren.

Werbung in der Volksfestzeitung 1907.

Volksfestvereine in Amerika

Im 19. Jahrhundert wanderten viele Schwaben aus der Region Stuttgart in andere Länder und Kontinente. Natürlich hätten sie gerne ein Stück Heimat in ihrem neuen Lebensraum gehabt. Viele Gegenstände konnten und durften sie jedoch nicht mit auf die lange Reise nehmen. Wohl aber Erinnerungen und Brauchtum. Dazu gehörte für viele das Cannstatter Volksfest. Bereits in den 1860er Jahren entstanden beispielsweise in New York, Chicago und Philadelphia Volksfestvereine, die teilweise heute noch aktiv sind und dem Cannstatter Wasen ab und zu auch einen Besuch abstatten. Meistens waren die Gründer dieser Vereine Auswanderer, die mit Essen und Trinken ihr Geld verdienten, also Gastronomen, Metzger oder Bäcker. Über die Feste erreichten sie viele, die gerne mal wieder den Geschmack von Maultaschen oder Linsen mit Saiten oder gar Kutteln auf ihrem Gaumen schmecken wollten. Wie in der alten Heimat stellten sie

Werbeplakat für das 6. Cannstatter Volksfest in Chicago am 20. August 1883.

sogar Fruchtsäulen auf, veranstalteten Reiterspiele und ließen Blaskapellen aufmarschieren. Manche veranstalten heute noch solche Feste und lassen allerhand Klischees aufleben, wie man sich am anderen Ende des großen Teichs »Old Europe« vorstellt. Dies ähnelt fast den historischen Zeiten, als Buffalo Bill mit seiner Truppe auf dem Cannstatter Wasen gastierte und ein ebenso klischeehaftes Bild vom Wilden Westen vorgaukelte, das hier auch alle glaubten.

Das Stuttgarter Frühlingsfest

Das erste so benannte Frühlingsfest fand am 1. Mai 1934 als »Volks- und Frühlingsfest« statt und dauerte nur einen Tag. Der erste Mai wurde damals als »nationaler Feiertag des deutschen Volkes« begangen, berichtet die Chronik der Stadt Stuttgart. Nach Berufsständen gegliedert zogen Tausende Stuttgarter zum Wasen, wo in der Adolf-Hitler-Kampfbahn ein Festakt stattfand. Nachdem die »Maienkönigin« das Zeichen zum Aufrichten des Maibaums gegeben hatte, folgte ein Festreigen junger Turnerinnen. Die Festansprache des Reichsstatthalters Wilhelm Murr beendete schließlich das »Vergnügen«.

Das erste Frühlingsfest, das mit der heutigen Veranstaltung vergleichbar ist, wurde zwei Jahre später, am 16. Mai 1936, als Start der Hauptkurzeit in Bad Cannstatt auf dem Cannstatter Wasen eröffnet. Während der Kriegszeit und in der Nachkriegszeit fiel das Frühlingsfest oftmals aus, bevor es ab den 1950er Jahren zur ständigen Einrichtung wurde.

Immerhin konnte im Jahr 2017 das 79. Frühlingsfest veranstaltet werden, das womöglich als kältestes von allen in die Geschichte eingehen wird. Anstatt sich an einem kühlen Bier zu laben, wärmten manche ihre Hände und ihre Kehle mit einem Glas Glühwein. Die gut beheizten Festzelte waren umso voller. Die Fahrgeschäfte vermissten bei Dauerregen und maximal 5 Grad natürlich ihre Kundschaft. Nach Zahlen des Veranstalters wurde die Besucherzahl der nahezu ebenso kalten Vorjahresveranstaltung, nämlich 1,3 Millionen Besucher, trotzdem erreicht. 1.100 Reisebusse brachten Gäste aus dem ganzen Ländle zum Cannstatter Wasen.

Wenn auch das kleinere Frühlingsfest sowohl von der Fläche als auch von den Besucherzahlen her mit dem Cannstatter Volksfest nicht konkurrieren kann, ist es doch Europas größte Frühlingsveranstaltung dieser Art. Es heißt übrigens nicht »Cannstatter« sondern »Stuttgarter« Frühlingsfest. Dieser Unterschied zum Volksfest beruht auf dem Zeitpunkt der Entstehung der bei-

Das Stuttgarter Frühlingsfest

den Feste. Als das Cannstatter Volksfest im Jahr 1818 gegründet wurde, war Cannstatt noch eine selbstständige Stadt. Bei der Entstehung des Stuttgarter Frühlingsfestes gehörte Bad Cannstatt bereits 30 Jahre zu Stuttgart.

Ausgelassene Stimmung der Mädels in Dirndeln.

Heute dauert das Frühlingsfest 23 Tage und bietet mit fast 250 Betrieben Gelegenheit zum Feiern, Vergnügen und Einkauf besonderer Dinge. Wollte man an allen Ständen entlang gehen, wäre man etwa dreieinhalb Kilometer unterwegs. Das macht natürlich hungrig und durstig und lockt zur Einkehr ins Almhüttendorf oder in eines der drei Festzelte. Bei den Fahrgeschäften findet man spektakuläre Attraktionen wie den höchsten transportablen Freifallturm der Welt, die Bungee-Kugel, mit der man sich in die Luft schießen und dabei filmen lassen kann, oder die Überschlaggondel »Booster Max«, deren Achse bereits auf 25 Meter Höhe liegt und die Gondel damit einen vertikalen Kreis von 52 Meter

Durchmesser entlang saust. Aber auch die Nostalgie wird mit Karussels, wie dem Cannstatter Wellenflug oder dem Spiegelkabinett bedient. Auch die Wahrsagerin Madame Odessa ist mit von der Partie. Im Krämermarkt bieten etwa 50 Händler allerhand neue Haushaltshilfen, Textilien und Lederwaren, aber auch Schmuck, Kosmetikartikel und schließlich auch Töpferwaren, Gürtel sowie Hosenträger an. Keinen »Krimskrams« sondern erbauende Lektüre bietet der Bibelstand, der sowohl auf dem Frühlingsfest als auch auf dem Volksfest nicht mehr wegzudenken ist.

Ein Luftballonclown.

Interessant ist die Diskussion, die sich bei dem nasskalten Frühlingsfest im Jahr 2017 ergab. Die Tatsache, dass manche Fahrgeschäftsinhaber in der Mittagszeit »jeden Fahrgast mit Handschlag begrüßen konnten«, weil so wenig kamen, führte zu der Forderung, das Frühlingsfest nicht schon um 12 Uhr, sondern erst später zu öffnen, wenn die Berufstätigen auf den Wasen strömen. Die Festwirte rechnen allerdings mit dem mittäglichen Essensumsatz und beharren auf 12 Uhr. Den Händlern auf dem Krämermarkt wiederum wäre es lieber, wenn sie ihre Stände schon vorher öffnen könnten. Dann könnten die Leute ein bisschen bummeln, etwas kaufen, und dann zum Mittagessen ins Festzelt gehen. Bis jetzt ist es nur eine Diskussion, es bleibt abzuwarten, wie man sich einigt und welche Wünsche dann an den Veranstalter herangetragen werden.

Der Krämermarkt

Volksfeste sind Jahrmärkte. Und auf den Jahrmärkten gab es in historischen Zeiten – wie auch auf den Maimärkten, den Herbstmärkten und den Weihnachtsmärkten – so manches Vergnügen, wie beispielsweise Tanzbären, Akrobaten, Moritatensänger, ausgestellte Kleinwüchsige oder besonders große Menschen, Eskimos und Afrikaner oder gar verunstaltete sogenannte »Elefantenmenschen«. Aber es gab natürlich auch Spieltische, die im Gegensatz zu den ausgestellten Menschen von der Kirche häufig beklagt wurden.

Der Sinn der Märkte lag aber weniger im Vergnügen, sondern darin, hier neue Dinge des täglichen Gebrauchs zu erwerben. In historischen Zeiten gab es keine Läden, in denen man das ganze Jahr einkaufen gehen konnte. Läden in unserem heutigen Sinne sind eine Erfindung, die erst Anfang des 19. Jahrhunderts aus Paris kam. Davor ging man zum Schneider, wenn man Kleider brauchte und zum Schuster, wenn ein neues Paar Schuhe fällig wurde. Dort wurde angemessen und nach Maß einzeln gefertigt.

Alles andere kaufte man auf den Märkten. Lebensmittel sowieso, aber auch den besonderen Bedarf im Haushalt. Insoweit sind die heutigen Krämermärkte, die mit den Volks- und Frühlingsfesten stattfinden, Überbleibsel dieser historischen Zeiten.

Auf dem Cannstatter Wasen sind es etwa 50 Händler, die allerhand Gerätschaften für den Haushalt, Badezusätze und Tinkturen, wundersame Kosmetika und heilende Salben, Reinigungsmittel und Tücher, Besen und Bürsten, Teller und Tassen, und vieles mehr anbieten. Oftmals handelt es sich um Artikel, die es im normalen Fachhandel nicht zu kaufen gibt. Und die nach Aussagen der Werbeverkäufer viel besser als die dort angebotenen Artikel sind, weil sie aus neuester Forschung entwickelt sind oder gar aus der Raumfahrt stammen. Nimmt man zwei Artikel, wird gerne ein Rabatt gegeben und es gibt noch eine Beigabe dazu. In pausenlosen Vorträgen bewerben die Händler mit glänzender

Rhetorik ihre fantastischen Geräte, die sie – angeblich von jedermann einfachst zu bedienen – dem staunenden Publikum vorführen. Umso größer die Menschentraube vor der Krämerbude ist, umso mehr geraten sie in Form und manche bleiben wegen des spannenden, mit Beispielen aus dem eigenen Erleben oder dem der Kundschaft gewürzten, Vortrags stehen, obwohl sie gar nichts kaufen wollen.

Weniger Vortragskunst erlebt man bei den Textilien-Ständen, die strapazierfähige Kleidung von den Socken bis zur Mütze anbieten und einfach darauf warten, dass jemand etwas aus der Auslage begehrt. Oftmals kommt auch Stammkundschaft, die ihren Jahresbedarf an Unterhosen oder warmen Flanellhemden grundsätzlich auf dem Krämermarkt erwirbt. Beliebt sind auch

Bibelstand der Aidlinger Schwestern auf dem Krämermarkt.

die Messer- und Scherenverkäufer, deren Produkte unbedingt schärfer sind als die im normalen Handel erhältlichen. Nicht zu vergessen sind natürlich die Bürstenhändler, die für den engsten und verkrümmtesten Flaschenhals oder Heizkörper immer die ideale Bürste anbieten. Günstige Lederwaren oder Schaffelle gibt es ebenfalls und natürlich auch die idealen Mittel, das Ganze über lange Zeit in Schuss zu halten.

Ein Bummel über den Krämermarkt darf bei einem Besuch des Frühlingsfests oder des Volksfests nicht fehlen.

Am Eingang des Krämermarkts vom Festgelände her steht ein kleiner Stand mit Büchern. Genauer gesagt mit Bibeln. Er gehört den Schwestern aus Aidlingen, die seit den 1930er Jahren ihre religiösen Schriften verkaufen. In manchen Jahren befand sich direkt daneben ein Stand, bei dem man Scherzartikel und Kondome kaufen konnte. Das war für viele ein lustiges Fotomotiv. Allerdings wurde der bescheidene Bibelstand dadurch ebenfalls wahrgenommen und die Schwestern störten sich nicht an der frivolen Nachbarschaft. Am Stand gibt es Bibeln in vielen Sprachen. Neuerdings gehören viele zugezogene Christen aus dem Orient zur Kundschaft, die hier Bibeln in ihren Heimatsprachen erwerben können.

Die Schwestern befassen sich nicht nur mit dem Bibelverkauf, denn sie betreuen seit Jahrzehnten nachmittags auch die Schaustellerkinder. Früher hinter dem Bibelstand und schon seit vielen Jahren in Räumen der Kirchengemeinde Berg jenseits des Neckars. Heute wie zu allen Zeiten erfreuen sie die Kinder mit ihrem köstlichen selbstgebackenen Hefezopf und Kakao.

Literatur

Besser, Karl u. a.: Vorträge im Altertums-Verein Cannstatt, 1899.
Bosch, Claudia: Fest und flüssig – Das Feiern im Bierzelt als Cultural Performance, Tübingen 2015.
Burkhardt, Martin: Der Ausbau des Neckars zur Großschifffahrtsstraße. In: Momente – Beiträge zur Landeskunde von Baden-Württemberg. Ausgabe 1/05, Stuttgart 2005.
Chronik der Stadt Stuttgart, verschiedene Jahrgänge, Stuttgart.
Daimler-Benz AG (Hrsg.): Gottlieb Daimler zum Gedächtnis, Stuttgart 1950.
Deutsche Gesellschaft für Luft- und Raumfahrt: Frühe Luftfahrtaktivitäten im Raum Stuttgart. In: Blätter zur Geschichte der Deutschen Luft- und Raumfahrt XVI, Bonn 2004.
Filtzinger, Philipp (Hrsg.): Die Römer in Baden-Württemberg, Stuttgart 1986.
Hagel, Jürgen: Alte Karten, Pläne und Ansichten von Cannstatt, Stuttgart 2003.
Hagel, Jürgen: Cannstatt und seine Geschichte, Stuttgart 2007.
Klein, Diethardt (Hrsg.): Württembergisches Hausbuch, Husum 1998.
Königlich Statistisches Landesamt (Hrsg.): Beschreibung des Oberamts Cannstatt, Stuttgart 1895.
Loose, Rainer: Kein Zutritt für Bettler, Vaganten und Hunde. In: Zeitschrift für Württembergische Landesgeschichte, 2011.
Lorenz, Sönke; Mertens, Dieter; Press, Volker (Hrsg.): Das Haus Württemberg, Stuttgart 1997.
Mannbach, Wilhelm: Schwaben wie es isst und trinkt, Leipzig 1844.
Müller, Roland: Stuttgart zur Zeit des Nationalsozialismus, Stuttgart 1988.
Nachtmann, Walter: Karl Strölin – Stuttgarter Oberbürgermeister im »Führerstaat«, Tübingen 1995.
Nimmerrichter, Walter: Bad Cannstatt, Stuttgart 1983.
Ordnungen für die Erhebung der städtischen Bier- und Fleischabgabe, Stuttgart 1899.
Paret, Oskar: Groß-Stuttgart in vorgeschichtlicher Zeit, Stuttgart 1949.
Schmid, Manfred: 250 000 Jahre Cannstatter Geschichte, Stuttgart 1989.
Schühlen, Peter: Stuttgarter Tatorte, Tübingen 2017.
Strohecker, Hans Otto: Festschrift zum 150. Cannstatter Volksfest, Stuttgart 1995.
Stroheker, Hans Otto / Willmann, Günther: Cannstatter Volksfest, Stuttgart 1978.
Thomsen, Sabine: Die württembergischen Königinnen, Tübingen 2006.
Vietzen, Hermann / Hetschel, Karl: Bad Cannstatt und sein Volksfest im Wandel der Zeit, Stuttgart 1968.
Volkmann, Ingmar: 55 1/2 Orte auf dem Wasen, die man gesehen haben muss, Köln 2015.
Wiedermann, Fritz: Bubenbad und Affenwerner, Stuttgart 1987.
Wulz, Wolfgang: Von Leuten, die Spatzen bemalen den Heiland klauen, Birnenschnitz' zu Grabe tragen und viele andere unglaubliche Geschichten: Schwäbische Ortsnecknamen rund um Stuttgart. Bd 3, Breitenholz 1991.

Abbildungen

Andrea Nuding, Stuttgart	70
Herbert Medek, Böblingen	42, 122, 129, 131, 133, 158, 160, 162, 165, 166, 169, 191, 200
Amt für Stadtplanung Stuttgart	11, 13, 21, 22, 27, 29, 31, 44, 59, 61, 84, 92, 100
Stadtarchiv Stuttgart	67, 85, 87, 91, 118, 119, 193, 194
Landesamt für Denkmalpflege, R. Feigel	18
Stuttgart Marketing GmbH	157, 197
Manfred Schmid, Stuttgart	35, 36
Polizeihistorischer Verein Stuttgart e. V.	182
Archiv Ulrich Strauß, Leonberg	87, 98, 102, 104, 105, 108, 125, 128
Archiv Herbert Medek, Böblingen	9, 14, 25, 82, 89, 99, 109, 111, 114, 115, 131, 135, 148, 149, 152, 153, 177, 195, 205

Das Pfluglith Fest 1824

Gebunden, mit Lesebändchen

ISBN beginnen mit 978-3-7650-

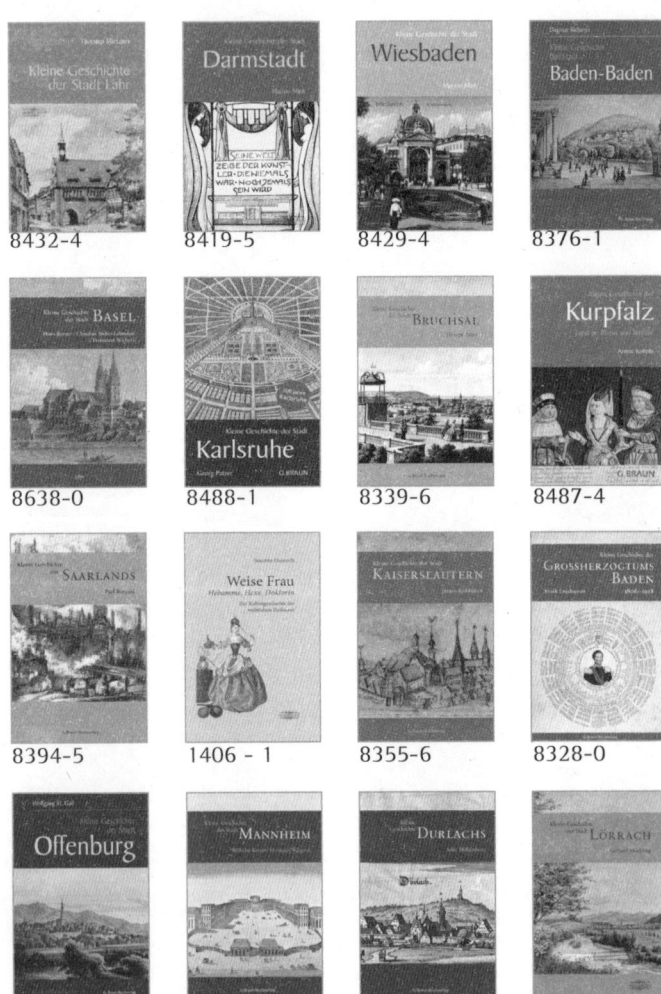

8432-4	8419-5	8429-4	8376-1
8638-0	8488-1	8339-6	8487-4
8394-5	1406-1	8355-6	8328-0
8418-8	8358-7	8393-8	1417-8

Kleine Geschichte

Die Reihe
kleine Geschichte

Sie sind geschichtsinteressiert und suchen eine anschauliche, knappe und dennoch gehaltvolle Lektüre?

Mit der Reihe „Regionalgeschichte – fundiert und kompakt" haben wir für Sie eine profunde Darstellung regionaler Geschichte(n), kleiner und großer Städte, Regionen und Themen. Von namhaften Experten verfasst und mit anschaulichen Abbildungen angereichert, bieten die „Kleinen Geschichten" einen Überblick, der sich sehen lassen kann!

Das Konstanzer Konzil	Der Kraichgau – Eine kleine Geschichte	Wie Karl Drais das Fahrrad erfand
Daniel Gaschick / Christian Würtz	Thomas Adam	Hans-Erhard Lessing
136 Seiten	288 Seiten	160 Seiten
€ 16,95 (D)	€ 19,90 (D)	€ 19,90 (D)
978-3-7650-8449-2	978-3-7650-8433-1	978-3-7650-8431-7

Lauinger Verlag